MÉXICO
VISTO Y ANDADO

ADALBERTO RÍOS SZALAY

LUNWERG
EDITORES

ISBN: 84 - 9785 - 123 - 4
Depósito legal: B - 39687 - 2004

LUNWERG EDITORES
Beethoven, 12 - 08021 BARCELONA - Tel. 93 201 59 33 - Fax 93 201 15 87
Luchana, 27 - 28010 MADRID - Tel. 91 593 00 58 - Fax 91 593 00 70
Callejón de la Rosa, 23. Tlacopac, San Ángel. [01060] MÉXICO, D.F.
Tel. (55) 56625746 Fax (55) 56838224

Impreso en España

ESPACIO MEXICANO

Jorge Alberto Lozoya

Adalberto Ríos, autor de este bellísimo libro, y su audaz editor Juan Carlos Luna insistieron en que querían incluir en él un texto mío. Como nuestra amistad a tres bandas data de buen tiempo, y a su abrigo hemos dado grandes y emocionantes batallas, me sentí en la obligación de hacerlo, sin tomar en cuenta que me encuentro lejos de México.

Aunque vivir en España no es estar fuera de México, sino habitar el otro lado del espejo. Alicia debió de ser una iberoamericana en Madrid. El país de las maravillas lo traemos dentro cuando desde América Latina cruzamos el Atlántico para descubrir en tierras hispanas un vago esquema de nuestro querer ser, con el que a veces nos identificamos y otras nos deja perplejos.

Ante el reto de escribir sobre México desde mi estadía en España, tuve que poner distancia de por medio: me fui a Londres y ahí acudí a mi refugio de siempre, el Museo Británico.

Me consta que el Museo Británico se renueva, pues hace más de diez años participé en la creación de la sala dedicada a las culturas prehispánicas de México. Los almuerzos elegantemente insípidos con los amables miembros del Consejo preludiaron negociaciones exquisitas que una mañana me llevaron, acompañado como tantas veces de Fernando Ondarza, a presenciar el momento simbólico en que habilísimos obreros empezaron a desarmar los grandes libreros a cuya sombra Carlos Marx escribió *El Capital*, con el fin de dejar lugar a la funcional museografía que hoy despliega la magnífica colección mesoamericana de ese museo único en el mundo.

Volviendo al presente, el Museo Británico sigue innovando. Durante mi última visita, en el viaje relámpago motivado por la preocupación de producir este escrito, tuve el placer de admirar, colgado de los altos techos de uno de sus recintos, el espléndido Apocalipsis realizado por artesanos mexicanos de la familia Linares. Los alebrijes, grotescas figuras de bulto hechas con cartón pintado de los más chillones colores, describían con humor populachero el fin del mundo, cuando la muerte (La Calaca) llegará montada en una bomba nuclear. Los viejitos ingleses, que conforman el más conocedor público del planeta, y los pluripintos visitantes extranjeros, expresándose en todas las lenguas de la torre de Babel, estaban de acuerdo en que así va a ser nuestro final.

La profecía anunciada en las formas y tonos de México todavía me acompañaba cuando penetré en lo que hasta hace poco fue la Biblioteca Real, donde me esperaba una sorpresa mayor. En esta ocasión, con la alegría irrespetuosa que los británicos han adoptado como parte de su carácter nacional, habían convertido la larguísima galería en una auténtica cueva de Alí Babá. En vez de exhibir la desnudez estéril provocada por el traslado de los libros hacia su nueva residencia, metros y metros de colosales estanterías estaban repletos de las riquezas venidas de allá y acullá que, gracias al buen cuidado de su majestad británica, han ido a parar a las inmensas bodegas del museo.

A mis ojos que sentía de niño se manifestaba el genio de la lámpara cuando concedió el deseo del primer coleccionista de antigüedades, inspirado en el anhelo de amontonar belleza e historia. Bustos romanos, sarcófagos egipcios, urnas griegas, porcelanas chinas, textiles indios, astrolabios, uno tras otro a diestra y siniestra. Claro que como esto pasaba en Londres había un plan, accesible al que tuviera el cuidado de indagar, dotado de un rigor sublime para administrar esa alegoría del caos que es la imaginación artística convertida en tesoro imperial.

Así estaba yo, fascinado igual que cuando a los siete años de edad vi por primera vez, en el entonces polvoriento Museo Nacional de México, el monumental calendario azteca, la horrorosa diosa madre Coatlicue y la indescriptible Piedra de los Sacrificios del templo mayor. Caminé durante un par de horas deambulando, aprendiendo, admirando. Hasta que súbitamente, a la altura de la vista, en medio de la atiborrada vitrina que estaba enfrente de mí, descubrí un prodigioso objeto llegado de aquel mi mundo: el espejo de obsidiana que tras la conquista de Tenochtitlan en 1521 fue a parar al acervo secreto de John Dee, el mago de Isabel I de Inglaterra.

La negra piedra pulida, de unos veinte centímetros de diámetro, reflejaba mi rostro, que la penumbra proyectada desde un ventanal lejano volvía cadavérico. ¡Ése soy yo en el Espejo de la Muerte, botín que la destrucción de mi ciudad trajo a las arcas de la reina de los piratas! Sentí entonces la presencia punzantemente dolorosa de la metrópoli matriarca de la mía. Ciudad que no sé hasta dónde apropiarme —los míos llegaron después y eran gente terca del País Vasco—, pero que hoy por hoy me pertenece; así como está, deshecha, gris y monstruosa, invocada en la pluma de José Emilio Pacheco cuando el poeta grita que daría la vida por ella. Por ella y diez lugares más de la patria que dice no amar, además de por cierta gente, que sí quiere, y por algunos puertos, bosques de pinos, fortalezas, varias figuras de la historia, montañas y tres o cuatro ríos, según apunta en su poema «Alta traición».

Alzar la voz para aludir a la grandeza mexicana es cortar a la epopeya un gajo, como bien dijo otro gran poeta nuestro, Ramón López Velarde: «Patria: tu superficie es el maíz, tus minas el palacio del Rey de Oros, y tu cielo, las garzas en desliz y el relámpago verde de los loros». Y más abajo en el texto, como susurrando: «El Niño Dios te escribió un establo y los veneros del petróleo el diablo».

Hablar de México es, desde los orígenes, romper los moldes clásicos. Según Alfonso Reyes, el intento de describir ese nuestro lugar que a veces llamamos Anáhuac vio nacer durante el siglo XVI un nuevo arte de naturaleza, pues había que dar cabida, entre tantos otros prodigios, al maguey, que se abre a flor de tierra lanzando al aire su plumerillo, o a los discos del nopal, planta protegida de púas que proclama su propósito heráldico.

Primero el agua, por no haberla suficiente en el norte y porque ahoga siendo tanta en los pantanos verdes del sur. Está además el agua vengativa que hasta mediados del siglo pasado espió de cerca a Tenochtitlan-México, turbando los sueños de aquel pueblo que Reyes creía gracioso y cruel, barriendo sus piedras florecidas, acechando con ojo azul sus torres valientes ante las que el terremoto, aunque mate, se amedrenta.

Luego la selva, de la que también Reyes dice es horno donde las energías parecen gestarse con abandonada generosidad. Los chorros de verdura cayendo por las rampas de las sierras; la sombra engañosa de árboles ciclópeos que adormecen y roban la fuerza de pensar (la filosofía se hace en otras latitudes); el voluptuoso torpor acompasado por el zumbido cacofónico de los insectos.

La mar, que sigue y sigue, que no se acaba. Antonio Machado llamó a Madrid el rompeolas de todas las Españas. Del otro lado del espejo, México es el rompeolas de dos océanos: «La tierra se desgarra, el cielo truena, tú sonríes con plomo en las entrañas». O como para este texto delineó otro poeta, mi entrañable amigo Jorge Valdés Díaz-Vélez: «México, parto de espuma y sal».

Está el desierto, que sólo los atemorizados fuereños presuponen vacío, donde cunde el silencio que reconcilia con el favor de Dios. El espacio, la vastedad que se presiente infinita. Aprehender las distancias americanas cuesta trabajo a muchos europeos. Otra vez López Velarde: «Suave Patria: tu casa todavía es tan grande, que el tren va por la vía como aguinaldo de juguetería. Y en el barullo de las estaciones, con tu mirada de mestiza, pones la inmensidad sobre los corazones».

La inmensidad. ¿Sabía usted que la distancia entre Tijuana y Cancún es más o menos equivalente a la que separa Lisboa de Varsovia?

La meseta central. Vegetación identitaria, paisaje organizado, atmósferas de extrema nitidez y de aquella luz resplandeciente que, según exclamó el modesto fraile evangelizador Manuel de Navarrete, «hace brillar la cara de los cielos». Por eso los hombres de Cortés, todos polvo, sudor y hierro, y el Eneas americano, al verla, soñaron haber alcanzado la Arcadia de una patria engrandecida y esférica, donde las casas y los colores, siendo como los de España, son mayores.

Tal es la urdimbre natural sobre la que se trama el tejido de las civilizaciones mexicanas, las que durante milenios se suceden y traslapan en un espacio mítico notablemente dotado de *élan* vital o *tonalli*. Ese espacio conforma, junto con China, India o Egipto, una vasta reserva de esperanza para la evolución futura de la conciencia de la especie humana.

Espacio mítico repleto de recintos sagrados. Miguel León Portilla es el sabio que ha explorado los de Tenochtitlan, recuperando para nosotros el potencial de su herencia. Por eso afirma contundente que, antes de ser, la famosa metrópoli se manifestó en un tiempo y un espacio primigenios y divinos. Sigue en ello a Mircea Eliade cuando nos recuerda que si los dioses han creado el mundo, corresponde a los hombres constituir y ampliar el espacio sagrado.

Los dioses requieren la presencia del hombre en el eterno juego cósmico, expuesto en el gesto del sacrificio y la observancia del misterio. Huitzilopochtli y Coyolxauhqui siguen confrontándose en el instante del rito. El encuentro de Quetzalcoatl y Cristo Redentor continúa ocurriendo. ¡Ave María Purísima que, como Coatlicue, sin intervención de varón concebiste! ¡Quién sabe desde cuándo las madres mexicanas se acercan al cerro del Tepeyac para encomendar sus hijos a la santa protección de Tonatzin Guadalupe!

Millones son los que creen y confían, con fe afincada en sustratos de roca ígnea. Pueden así traspasar los lapsos oscuros del tiempo profano, el que aparta a los hombres de aquello que los dioses anunciaron. Noche de los tiempos, dice León Portilla, cuando se descuidan las ceremonias y las fiestas de lo sagrado, que tanto ayudan a normar la vida.

La mano suave y la voz queda del guarda distraen mi mirada del espejo de obsidiana, me avisan de que el museo va a cerrar. Salgo a un crepúsculo estrellado y liviano, todavía primaveral. Cruzo la calle Great Russell para detenerme en el escaparate de la librería Arthur Probsthain, especializada en temas orientales. Abro la puerta y, antes de entrar y sumergirme feliz en las novedades sobre China, intuyo saber lo que voy a decir en el texto para el libro de Juan Carlos y Adalberto.

SOBRE LO VISTO
Y ANDADO

ADALBERTO RÍOS SZALAY

Gracias a mis labores docentes en la Universidad Nacional Autónoma de México y a mis funciones en el Consejo Nacional para la Ciencia y la Tecnología, hace treinta y cinco años comencé a recorrer el territorio mexicano. Por fortuna, mis itinerarios incluían, además de las capitales y las grandes ciudades, pequeñas comunidades y escenarios como la selva, el desierto y los arrecifes.

Mis recorridos se sustentaban en el encuentro y la guía de algunos de los más brillantes mexicanos del siglo XX, lo mismo en la antropología, la biología, la astronomía, la geología, la economía, el periodismo o las bellas artes. Como Guillermo Bonfil, Arturo Gómez Pompa, Manuel Buendía, Emmanuel Méndez Palma, Juan José Arreola, Jorge Alberto Lozoya, Carlos Montemayor, Lourdes Arizpe, Miguel Álvarez del Toro, Rodolfo Morales o Eduardo Matos Moctezuma; encuentros a veces de minutos o de múltiples y privilegiadas sesiones que me permitieron vislumbrar unicidades mexicanas y algunos de sus ancestrales problemas.

Todo ello significó inapreciable antecedente y preparación, en cada caso, para el encuentro con campesinos, artesanos, obreros, pescadores, artistas e investigadores. Creadores y constructores de México como Elías Martínez, ingeniero chinanteco al servicio de Usila, su comunidad, la morada de colibríes; Pedro Linares, Premio Nacional de las Artes, cuyas obras de cartonería crearon una mitología, los alebrijes, que vigilan

desde su espacio ganado en el Smithsonian; Javier Lozoya, científico que investiga y sistematiza las propiedades medicinales de las plantas mexicanas; Pedro Meza, tzeltal promotor de Sna Jolobil, la casa de ochocientas tejedoras chiapanecas, o Federico Álvarez del Toro, que ha llevado los sonidos de la selva a formas sinfónicas y los aullidos de los monos saraguatos para dar la alarma por su destrucción.

De los intelectuales he recibido información y lúcidas interpretaciones; de los protagonistas de los quehaceres cotidianos mexicanos, lecciones de esfuerzo, creación y dignidad. Ambos me han permitido conocer facetas de México que nos otorgan particularidades y nos inscriben en el ámbito universal. Así, sin proponérmelo inicialmente, he invertido treinta y cinco años de mi vida en el encuentro de dos características esenciales mexicanas: la megabiodiversidad y la pluralidad cultural. Ambas cualidades consideradas en nuestra definición de nación y ejes sobre los que la UNESCO trabaja a nivel mundial, en la medida en que se trata de valores esenciales de la humanidad.

El privilegio de viajar por mi país conociendo estos fenómenos comenzó a cimbrarme, a conmoverme de tal manera que sentí la necesidad de compartirlo, de aportar, en la medida de mis fuerzas, a su conocimiento, reconocimiento, preservación y desarrollo. Para ello encontré una herramienta sin igual: la cámara fotográfica.

Mi esfuerzo es testimonial, no busca crear o generar propuestas artísticas, sino reflejar de la mejor manera aspectos en los que me parece vale la pena reparar. Desde luego, pretendo hacer bien mi trabajo, por ello cuando lo logro puede tener ciertas cualidades plásticas, pero quiero insistir en que, en este caso, técnica y plasticidad deben subordinarse al objetivo esencial de mostrar y difundir valores.

Mi trabajo intenta ser un recuento de elementos patrimoniales fruto de la generosidad de la naturaleza y de la sensibilidad de seres humanos ejemplares. La perversión y la corrupción cuentan con un alud de páginas y con infinitas horas en los medios de comunicación. Aborrezco la creciente ignorancia y estulticia, origen de afrentas a valores del espíritu, de traiciones a nuestro pasado y, lo que es peor, a nuestro futuro. Mi manera de enfrentarlos no es registrándolos y difundiéndolos, muchos lo hacen especializadamente, mi tarea autoimpuesta es registrar bondades y potencialidades, antítesis que he reconocido en mi trayecto.

Me percato de que algunos de los hechos que he registrado han venido cambiando y en ocasiones menguando, y no me refiero sólo a temas ancestrales, no hablo nostálgicamente, sino de tareas innovadoras, de dignidad y futuro, desde prácticas agrícolas a trabajos de investigación científica. Me alarma el abandono de las actividades productivas y la creciente jerarquización de la especulación, la incomprensión del papel de las universidades públicas, la proliferación de las actividades ilegales y el cinismo creciente que afrenta la memoria de nuestros ancestros; por eso mi terquedad en registrar hechos admirables que en la mayoría de los casos son desconocidos o ignorados.

Mi trabajo es una constancia de lo que me ha tocado ver al cruzar por caminos y latitudes de un país diverso: país joven de viejas culturas; país rico lleno de pobres; pueblo generoso, tolerante y abierto a las innovaciones para no dejar de ser lo que es; pueblo profundamente ligado a su tierra, que ha tenido que dejar para sostenerla desde afuera; pueblo con un refinado sentido de la creación, desde los más pequeños detalles de la vida diaria, hasta sus hitos biotecnológicos, artísticos o de mecánica de suelos. Un pueblo de gente buena que padece por la perversión de los menos. Un pueblo lleno de dones y cualidades que sufre inexplicables carencias y descalabros.

Al recorrer mi país he palpado y palpitado ante el segundo arrecife más extenso del mundo, en el Caribe mexicano; ante la sequedad del desierto del Vizcaíno, entre las más altas del planeta; ante el eje neovolcánico correspondiente a una de las zonas sísmicas más activas del globo, o ante una mitad del territorio que sufre la carencia de agua y otra mitad que padece su exceso.

México ocupa el vigésimo lugar mundial en mamíferos, el primero en diversidad de reptiles, cuenta con 25.000 especies de plantas con flores, y concentra el 48 % de las especies de pinos que se conocen en el mundo. A ello podría agregar fenómenos como el nacimiento de ballenas, la migración de la mariposa monarca o la incubación del mayor número de especies de tortugas del planeta en playas mexicanas.

parece que este inquietante matrimonio entre lo mudable y lo perdurable no sólo explica nuestro paradójico sentido de la historia e incluso algunos rasgos notables de nuestra reinvención del castellano, sino que alcanza también otras muchas antinomias de lo mexicano que en principio parecen ajenas al tiempo: civilización y barbarie; docilidad y temeridad; arraigo y desarraigo; silencio y estridencia; fiesta y duelo. Es verdad que la turbulenta corriente del tiempo lo arrasa todo, pero es justamente su devastador sentido de la justicia hacia los hombres y las cosas —justicia que es siempre una y la misma— lo que hace de lo mudable una constante.

Con frecuencia me he encontrado en el difícil trance de explicar a un extranjero la significación precisa del «ahorita», ese escurridizo adverbio de tiempo que por razones insondables nos inventamos los mexicanos. Incapaz de aceptar mi insuficiencia ante el misterio, he prodigado ejemplos, me he perdido en intrincados laberintos sintácticos, he buscado en otros idiomas equivalentes tan forzados como el *wee bit* escocés, el *jetzen* alemán y el *atimo* italiano. Todo en vano. El «ahorita» mexicano no puede explicarse cabalmente a un extranjero por dos razones: primera, porque su función radica precisamente en acentuar la indefinición y la relatividad del tiempo, y segunda, porque el «ahorita», más que razonarse, sólo podría intuirse en términos del modo mexicano de concebir el tiempo.

¿Cómo es ese tiempo? ¿Qué es? ¿De dónde viene? ¿Qué describe exactamente? El tiempo en México es el mismo que en sus antípodas, lo que cambia es la concepción que de él

tenemos los mexicanos, que a fin de cuentas proviene de una fe radical en la ilusión de que podemos controlarlo.

Si es de por sí desconcertante que se someta un adverbio a la fuerza transformadora o aparentemente reductora del diminutivo, más habrá de serlo cuando ese diminutivo es el diminutivo mexicano. He dedicado varios años de mi vida ha compilar posibles explicaciones al afán, no ajeno al resto de Latinoamérica, de aplicar el diminutivo castellano a todo cuanto se atraviesa en nuestro camino: desde el «padresito» hasta la «virgensita», pasando desde luego por el problemático «ahorita» y un sinfín de objetos, animales, actividades y personas sospechosamente menguantes, el mundo entero parece haber sido creado en proporción inexacta sólo para que un mexicano, un peruano o un argentino corrijamos la plana divina reduciéndolo todo a su mínima expresión posible. ¿Por qué lo hacemos? ¿Queremos minimizar dialectalmente el mundo para parecer gigantescos por simple contraste? ¿O es más bien que nuestro ánimo liliputiense, socabajado, diminutivizado también por la corriente de la historia, necesita que el mundo sea pequeño para que podamos habitarlo sin sentirnos agobiados por su grandeza?

No menos extravagantes me parecen las interpretaciones que he podido recabar entre mis compatriotas sobre esta pulsión reductora: hay quienes afirman que nuestro castellano tomó esta costumbre del náhuatl, que exigía el uso del diminutivo como signo inequívoco de respeto; los hay también que aseguran que el habla y los modales del conquistador español eran tan ásperos para el taimado y cantarín hablante del náhuatl, que este último decidió repartir indiscriminadamente diminutivos para suavizar, si no los modos, sí al menos la sonoridad del castellano.

Cualquiera que sea, a fin de cuentas, la respuesta correcta para explicar nuestro uso del diminutivo, lo cierto es que en todas estas hipótesis fluctúan binomios culturales o de identidad que nada tienen de antitéticos: cortesía frente a rudeza; timidez ante lo imponente; medrosidad ante lo amenaza? ¿Será acaso que también el tiempo nos impone o nos amenaza? ¿Será qué convertimos el «ahora» en «ahorita» para no enfrentar la atrabiliaria personalidad del presente?

Naturalmente, los diminutivos no cambiaron el destino del pueblo azteca, no digamos los modales de quienes los conquistaron. De la misma manera, el «ahora» no deja de existir porque lo reduzcamos para convertirlo en un «ahorita». Sin embargo, creemos que así es, pensamos que el presente —con sus exigencias y sus retos— puede incluso convertirse en poca cosa cuando lo menoscabamos con la lengua. Entonces imaginamos que el hoy puede postergarse indefinidamente. Con el diminutivo, el ahora es relegado al terreno de la ambigüedad, al no tiempo, a esa virtual tierra de nadie donde el tiempo no discurre pero donde, por lo mismo, nada en realidad ocurre.

Esta pulsión nuestra a controlar el tiempo mediante su ilusoria postergación, negación y reducción lingüística nos ha llevado a construir un virtual absoluto de la Historia con un sinfín de historias con minúscula: cuentos, anécdotas, verdades a medias, hazañas supuestamente épicas, que sin embargo, lindan de pronto con lo trágico o lo cómico, crónicas que apenas calzan en el orden natural de las cosas y terminan por convertirse en curiosos anacronismos que lo mismo niegan y reiteran nuestra participación en el devenir de la humanidad.

Para nadie es secreto que el pueblo mexicano nació de un choque violento de civilizaciones cuyas secuelas determinan sin duda nuestro aquí y nuestro ahora. Durante siglos nos hemos negado a reconocer que la violencia del nacimiento de una cultura —constante histórica del ancho mundo donde las haya— en modo alguno significa que dicha cultura esté por ello castrada para la grandeza. De la misma manera en que negar el discurrir del tiempo sólo confirma su permanencia, la negación de un cambio doloroso implica la continuidad del dolor.

País de máscaras, nación enmascarada por sí misma, los mexicanos participamos en el gran teatro del mundo convencidos de que el rostro que hace siglos nos impuso o propuso Occidente basta para hacer creer al concierto de las naciones que aquí no pasa nada, faltaba más, que tenemos todo controlado, señores, pero por favor concédannos tan sólo un poco de tiempo y les demostraremos que somos como ustedes. En el fondo, no obstante, sabemos que somos necesariamente distintos y que necesitamos serlo para subsistir. Sabemos que es indispensable que sigamos siendo diferentes; entendemos que, en realidad, aquí pasa de todo y que la máscara ciertamente oculta, pero también transforma lo que oculta y tarde o temprano termina necesariamente por revelarlo. Mientras permanezca la máscara, lo enmascarado cambiará por el mero hecho de no ser visible para los demás.

Los dos siglos que hemos pasado usando no una sino las muchas máscaras intercambiables que nos ha ofrecido el ilustrado «deber ser» de la cultura occidental han provocado inevitablemente que la apariencia pase a formar parte indiscutible de nuestra esencia. De esta suerte, renegar del castellano o de la ética y el rito cristianos como constitutivos de nuestra cultura sería hoy tan descabellado como cerrar los ojos no sólo al pasado indígena, sino a los componentes judíos, árabes o africanos que también forman y determinan el tapiz mexicano; renegar del humanismo como fundamento de los valores más caros de nuestro ser nacional sería tan absurdo como querer imponer los mecanismos políticos y sociales que regían en la corte de Moctezuma; renegar tajantemente de nuestra heterogeneidad es tan paralizante como creer que hay una sola forma de ser mexicano, francés o español.

Renegamos, sin embargo. Y lo hacemos de manera tan singular, que los acentuados contrastes del mosaico que ni vemos ni mostramos terminan por hacer el mosaico mismo. Promulgamos un martirologio de los últimos héroes indígenas, pero seguimos martirizando al indígena; satanizamos al conquistador español, pero nos comunicamos en su lengua, vivimos de acuerdo con las leyes que ellos nos enseñaron y adoptamos los ritos que ellos nos contagiaron; desde niños aprendemos a entonar himnos beligerantes, pero nos jactamos de conducir una política exterior presuntamente conciliadora; endiosamos a la revolución, pero nos resistimos al cambio;

desde la cuna mamamos la solidaridad, pero sólo individualmente destacamos en las artes, los deportes o el pensamiento; reímos ante la macabra broma que nos juega la muerte, pero vaya si la tememos, o acaso es precisamente por temerla que preferimos festejarla.

No es éste —no pretendo que sea— un tratado de ética cultural. Nada hay más lejos de mis propósitos, no digamos de mi gusto, que censurar o avergonzarme del hecho palatino de nuestro ser contradictorio. La maldad o la bondad del espíritu de un pueblo se mide siempre con el dudoso rasero que le aplican los otros. De la misma manera en que es arbitrario juzgar al pueblo español por la ejecución del rey Cuauhtémoc o al pueblo judío por el deicidio, es perjudicial y pueril condenar a los mexicanos por las faltas que han cometido y algunos de ellos siguen cometiendo por su incapacidad histórica y atávica para enfrentar sus paradojas, ironías y contradicciones. Semejantes juicios son tan inaceptables como los de quienes han pretendido explicar desde fuera este carnaval, con esa óptica ciega y aparentemente benévola que mide la rareza universal de las naciones con el termómetro unidireccional de lo que en la propia cultura se considera cierto o normal. Las visiones zoológicas de la mexicanidad, la celebración paternalista de nuestro exotismo, la acuñación de esa aberrante moneda de cambio que ha definido nuestro arte y nuestra condición como realismo mágico, no son sino producto de una dramática falta de voluntad de fuera y de dentro para reconocer que los mexicanos podemos y debemos definir nuestras paradojas sin que ello se traduzca necesariamente en un inaceptable oxímoron.

Que el mundo, y aun los mexicanos, haya aceptado el entusiasmo de André Breton cuando afirmó que México es el más surrealista de los países, se entiende porque semejante lectura se funda en algo tan universal como los sueños. La inclusión de este país a la cabeza de un catálogo onírico que no excluye a ninguna otra cultura, ilumina más de lo que oscurece la espontánea aunque esporádica tendencia de los mexicanos a discurrir al margen de los preceptos de la lógica aristotélica, que lo mismo atañen a Oriente y a Occidente. Pensar, por el contrario, que la realidad de un país cualquiera es mágica, sólo puede ser aceptado con las reservas que exige la subjetividad de lo que cada cultura considera mágico. La magia, después de todo, tiene mecanismos controlables de los que el sueño carece. En el sueño, toda apariencia puede ser esencia y toda contradicción puede ser aceptable. En el sueño, toda relojería es vacilante, sobre todo la del tiempo: en el sueño, como en la vigilia, como acá, lo fugitivo permanece, también allí discurre todo porque todo ocurre.

Misión a Marte

He soñado con una legión de hombres y mujeres que se adentran en un planeta inmenso armados con un objeto prodigioso que les permite crear la ilusión de que es posible detener lo incontenible. Los he visto mirar, desplazarse, anclar en tierra sus trípodes como un alpinista clavaría su piolet en la roca para no ceder al vértigo o a la gravedad. He escuchado una, diez, cien veces la sutil detonación del artefacto que finalmente congelará la luz, pero que jamás congelará el tiempo. Y los he

visto sonreírse en secreto como el mago que no piensa revelar jamás cómo extrajo un conejo de su chistera. Cuando terminen, dejarán en la mutante superficie de aquel planeta un altar a su estruendoso dios gremial, Xenón de Alejandría, que nos engañó a todos con la paradoja de Aquiles y la Tortuga.

La lógica nos dice que el hombre más veloz de Atenas alcanzará indefectiblemente a la tortuga porque en realidad el movimiento no es fragmentable en instantes: Aquiles no se desplaza en la distancia que le separa de la tortuga, sino en el tiempo, que está hecho de momentos indivisibles, acumulables, insostenibles. Pero Xenón y los devotos viajeros que he soñado, esos magos que en su fuero interno no tienen más remedio que aceptar la lógica, juegan a creer que el tiempo puede fragmentarse como se fragmenta el espacio. Naturalmente, detener el tiempo es imposible en la Tierra y en mi planeta soñado, pero gracias al juego y a la ilusión parece al menos posible. Gracias a la disposición de los espectadores a participar en esta ilusión, en este *como si* deleitable, la voluntad de creer en lo increíble hace más respirable una atmósfera que, de otra manera, envenenaría tanto a los habitantes de mi planeta soñado como al tropel de cíclopes mecánicos que han llegado hasta él montados en el aerolito de lo que creí ser un sueño.

Pero el sueño, como la muerte, no niega, sino que complementa la existencia. Acaso por eso he imaginado todo esto, para finalmente descubrir que ese planeta existe y que esos cíclopes devotos de Xenón tienen nombre. Nombres sonoros y tan diversos que su solo registro parece acusar lo quijotesco de su ya larga gesta por detener el tiempo: Francisco Casasola,

Manuel Álvarez Bravo, Tina Modotti, Juan Rulfo, Gabriel Figueroa, Graciela Iturbide... hombres y mujeres de tres siglos que, sin embargo, fueron contemporáneos en el siglo XX y viajaron como uno solo al más paradójico de los planetas que el destino les permitió encontrar.

Las ciudades, las montañas, los mares, las fiestas, la gente y las bestias de México han sido minuciosamente congeladas por estos y muchos otros fotógrafos en el lapso más ardiente de nuestra historia. La turbulenta Revolución mexicana fue detenida por segundos en el rostro sin tiempo de sus muchos muertos; la reforma agraria exhibió su fracaso y su parálisis en las imágenes eternas del labriego mexicano que conserva su melancolía sin importarle que sus instrumentos de labranza se hayan transformado en tractores; las prostitutas de la Costa Negra de Guerrero cuentan en fotografías la misma historia que contaron sus abuelas en los burdeles del urbanísimo México porfirista. La ciudad misma, voraz y agigantada a razón de quinientos inmigrantes por día, se pone de rodillas ante la potencia paralizadora de la cámara fotográfica y nos suplica que, por lo menos en nuestra imaginación, creamos que su crecimiento puede detenerse y que, tal vez, ante la fotografía el viajero pueda engañarse pensando que seguimos siendo la región más transparente del aire, la Ciudad de los Palacios, el corazón aún no arrancado del efímero imperio azteca.

Pero los numerosos fotógrafos que han nacido en estas tierras, y los que las han surcado venidos de otras, no siempre han sido conscientes de que los sujetos y los objetos de su gesta paralizadora son seres en visible movimiento que sólo ante la cámara tienen el efímero consuelo de la inmovilidad, algo así como la gota de agua que el rico pide al pobre Lázaro cuando ha llegado al fin a los infiernos. La extensa nómina de fotógrafos mexicanos y de lo mexicano ha creado también una caterva de imágenes de aquello que nuestros sentidos —sean físicos, sean históricos— perciben como permanente, inmóvil, eterno: la orografía agreste de nuestras muchas sierras, el curso en apariencia inconmovible de nuestros ríos, las mudas piedras que nos dejaron milenarias culturas desaparecidas, las dunas del desierto, las fiestas y las máscaras que no parecen haber cambiado desde que el mundo es mundo, el letargo ancestral de la iguana, y el cielo, siempre el cielo, tan inmóvil que hasta las nubes parecen veloces cuando se desplazan sobre su azul flemático.

Si el vértigo del tiempo nos ha parecido inquietantemente lerdo gracias a la fotografía, la fijación de lo que de por sí parece inmóvil e inmutable adquiere su auténtica velocidad cuando su máscara es velada por la nueva máscara de la fotografía: la cima nevada del Popocatépetl hace erupción en un segundo gracias al mero cotejo de dos fotografías tomadas en décadas distintas pero vistas simultáneamente; una fotografía tomada hoy desde el mismo ángulo del paseo de la Reforma en que la tomó Casasola hace casi un siglo denuncia como un latigazo de luz la espantable transformación de la Ciudad de los

Palacios en la mayor urbe del siglo XXI; un reloj de pulsera en la muñeca de un indio enmascarado acentúa las paradojas de la civilización de la misma manera en que lo hace un rifle de madera empuñado por el cadáver de un guerrillero zapatista.

Como actos individuales u objetos autónomos, las fotografías ciertamente detienen el tiempo, pero su integración y su cotejo pueden también acelerarlo, máxime cuando se trata, como en el caso de México, de fijar una transitoriedad del paisaje y de los hombres que niega permanentemente el cambio con tal insistencia, que la sola negación es en sí misma una exaltación de la imparable metamorfosis de nuestra cultura.

Pocas culturas, pocos países han dado tantos y tan célebres fotógrafos al mundo como México. Una cultura que se jacta de sus raíces milenarias y un país que es definido aún en términos de subdesarrollo han elegido, sin embargo, explicarse a través de una de las artes más jóvenes y técnicamente más complejas. A horcajadas de la antigua pasión por lo contradictorio, los mexicanos hemos descubierto en la fotografía la síntesis no sólo de lo transitorio y lo permanente, sino de la civilización y la barbarie, de la modernidad y el pasado, de lo heterogéneo y lo homogéneo, de la necesidad de aceptar el presente y la proclividad a afincarse en la historia tan remotamente como sea posible.

De la misma manera en que los germanos han hallado en las letras el sustento ideal para dar cauce a su natural introspectivo, así como los italianos han recurrido a la ópera para expresar su barroquismo y su afición al melodrama, los mexi-

canos hemos visto en la fotografía el vehículo óptimo para mostrar sin mostrarnos, para ver sin ser vistos, para transcurrir sin ser devorados por la velocidad de nuestras constantes mutaciones.

Desde luego, también en este caso la abundancia excepcional de grandes nombres mexicanos en el catálogo universal de la fotografía es sólo consecuencia y reflejo del prurito generalizado de los mexicanos a expresarse mediante la fotografía. En México, la fotografía y la cámara son actividades y objetos tan cotidianos como imprescindibles: desde la llamada fotografía tradicional de los parques públicos, hasta la incorporación de la fotografía a los altares de muertos; desde la proliferación de imágenes fotográficas en los exvotos del sincrético catolicismo mexicano, hasta las grandes exposiciones de fotografía mexicana en Londres, París o Nueva York; desde la maniática actividad fotográfica de nuestros turistas, hasta la transformación de México en surtidor de imágenes para extranjeros que se dedican profesional o espontáneamente a la fotografía, este país y esta incansable actividad artística parecen unidos en un feliz matrimonio gracias a la imagen.

Los más suspicaces sociólogos dirán a todo esto que la afición del mexicano a la fotografía no justifica a cabalidad la grandeza y la variedad de quienes, desde México, han producido obras de arte fotográfico. Dirán que, de ser cierta esta ecuación, también los japoneses tendrían que haber producido una caterva inusual de maestros de la fotografía. Me parece que la objeción es válida y apenas podría matizarla en el sentido de que el mexicano, a diferencia de los orientales, concibe la fotografía menos como un registro del presente que como una actividad fáustica o seudomágica destinada a negar el presente mediante su ilusoria contención. El mexicano no se apropia del mundo al fotografiarlo: se deshace de él. El mexicano no cree en la fotografía como una prolongación de la vida, sino como muestra inequívoca de que la vida está en otra parte.

De allí tal vez que el cine mexicano, cuyo origen es también fotográfico, desmerezca dramáticamente ante la grandeza de sus fotógrafos a nivel internacional. Mientras la fotografía brinda una ilusión de parálisis, el cine proporciona una ilusión de movimiento. Mientras el cine nos ofrece la ilusión con apariencia de verdad, la fotografía nos ofrece la verdad con la vaga apariencia de la ilusión. Al engarzar imágenes estáticas que parecen moverse, el cine imita a la realidad. La fotografía, en cambio, al paralizar lo que cambia, ajusta la realidad a la impresión y formula una sentencia tan absurda como contundente: el ahora apenas merece existir frente «al ahorita», el presente es tan quebradizo como un pedazo de papel manchado de luces y de sombras.

Quiero pensar, por último, que toda esta ilusión paralizadora, todo este ejercicio cotidiano de querer contener lo insostenible en el planeta de las paradojas, debería explicar la enigmática longevidad de los fotógrafos mexicanos. Centenarios, o casi, los grandes nombres de nuestra larga tradición fotográfica son tan jovialmente viejos que uno no puede menos que sospechar del verdadero alcance y el legítimo origen de su hechizo.

Cualquiera con dos dedos de frente podría entender la mecánica que oculta una impresión fotográfica, pero nadie podrá nunca explicar de manera convincente el efecto de inmortalidad y absoluta permanencia que transmite esa impresión. La cámara, después de todo, conserva, contra toda evidencia y a despecho de todo desenmascaramiento, su carácter de objeto mágico. Como la espada cantarina o el yelmo de Mambrino, como el vellocino de oro y la cabeza parlante de Gregorio Magno, la cámara de los fotógrafos mexicanos exhibe su carácter de elemento identificador del héroe predestinado, un héroe que sin embargo sólo puede ser fáustico: para transgredir la ley divina del innegable transcurrir del tiempo, el fotógrafo realiza necesariamente un pacto con el Señor de las Apariencias, el único que en realidad tiene el poder y la autorización de Dios para prevaricar las leyes absolutas y relativizarlas, así sea de una manera provisional, siempre engañosa, siempre ilusoria.

Más allá de la realidad, más allá de la vida y del mundo, Fausto tiene que pagar con su alma el limitado poder que le ha dado Mefistófeles para detener los estragos del tiempo, para conservar la juventud o granjearse con ello el amor de Margarita. Con cada exposición, también el fotógrafo vende al Gran Engañador una parte de su alma a cambio de detener el paso del tiempo. El fotógrafo, sin embargo, sabe que el tiempo seguirá transcurriendo fuera de los márgenes de su fotografía, y aun cuando esa fotografía haya desaparecido de la faz de la Tierra. En esta conciencia de los límites de la ilusión que crea, el fotógrafo posterga su propia muerte y la de aquello que ha fotografiado, de aquello que ha detenido en la conciencia de que, tarde o temprano, la ley divina e impostergable del cambio acabará por imponerse sobre su frágil, bella y siniestra ilusión de permanencia.

La edad del vértigo

Las imágenes que conforman este libro infinito fueron plasmadas por la lente de Adalberto Ríos en un lapso que me atrevo a calcular de poco más de treinta años. Son los años que llevo de conocerlo y buena parte de los que he vivido. Pero no sólo son los años que he vivido, sino los que irónica y vertiginosamente han determinado el México de hoy. Sus hombres, sus bestias, sus ríos y sus volcanes son todavía los mismos de entonces, pero son también, indudablemente, otros, porque quienes los miramos ahora entendemos mejor que ninguno de nuestros ancestros que la transformación de lo permanente es posible, dolorosamente posible, necesariamente dolorosa.

Supongo que es tan natural como ilusorio que creamos que el presente comenzó con nosotros. Nuestra conciencia establece la velocidad, el principio y el fin de nuestro breve transcurrir por la vida. Sólo un acto de fe nos permite aceptar que hubo una historia antes de nuestra propia historia. Creo, sin embargo, que quienes nacimos en México en 1968 ostentamos un derecho singularísimo a concebirnos como miembros de una generación paradigmática que comenzó siendo testigo de la parálisis y acabará por ser ejecutora central de la metamorfosis de este país.

Afirmo lo anterior sin jactancia ni heroísmo, pues este hecho no ha dependido de ninguno de nosotros, sino de la historia misma del país y del mundo al que fuimos arrojados sin pedirlo. Lo afirmo casi como se señala una curiosa casualidad o como una concatenación de casualidades a las que, sin embargo, no somos ajenos ni podremos serlo cuando dejemos de ser efecto para ser causa de nuestra condición nacional.

En el amplio pandemonio de ideas y acontecimientos que han franqueado lo mismo este libro como esta generación, intuyo tres razones para afirmar que somos testigos ejemplares de una nueva alianza entre la transitoriedad y la permanencia de lo mexicano: primera, porque en nuestra infancia se nos hizo creer que la represión estudiantil de 1968 era la muestra inequívoca de que el cambio es imposible sin la aquiescencia de la institucionalidad; segunda, porque en el terremoto que sacudió nuestra primera juventud comprendimos que no hay institucionalidad lo bastante firme para contener el cambio; y, tercera, porque en las elecciones del año 2000 constatamos al fin que la institucionalidad es imposible si no reconoce la fuerza infinitamente superior de lo cambiante y lo diverso.

Los mexicanos que hoy comenzamos a compartir con nuestros mayores la responsabilidad del rumbo nacional, aquellos que hemos comenzado ya a participar activamente en la toma de decisiones políticas, intelectuales, sociales y aun domésticas de México, éramos sólo niños o inconsciencia pura cuando tuvo lugar la masacre estudiantil en la plaza de las Tres

Culturas. Como en Praga y en Buenos Aires, el mensaje del movimiento represivo de 1968 no podía haber sido más contundente: la rigidez del poder estático era también lo bastante sólida para impedir cualquier tipo de renovación, por necesaria o justa que ésta fuese o quisiera ser. En el caso concreto de México, este poder y esta rigidez eran aún más imponentes en la medida en que sus detentadores habían conseguido lo que parecía imposible: apropiarse del concepto mismo de cambio para finalmente paralizarlo. La revolución institucionalizada, máxima paradoja de la política vigésemica, había fructificado sin problemas en un pueblo habituado a creer en toda suerte de síntesis increíbles. Tan exitosa como difícil de reproducir en otras latitudes, la idea de que la revolución podía sistematizarse hasta la esclerosis permitió que el siglo XX mexicano fuese un espejismo de estabilidad marcado, sin embargo, por silenciosas y constantes subversiones, estridentes anuncios de progreso fundados en la estricta conservación de mecanismos políticos y sociales inequitativos, y en un repetido carnaval fingidamente democrático que acompañaba cada seis años una dolorosa cuaresma devaluatoria. La intocable figura presidencial, aceptada como digna heredera del patriarcalismo imperial de la España filipina y la Tenochtitlan de los reyes aztecas, se convirtió en un dique al parecer inquebrantable que contendría eternamente el borrascoso río de la transformación. La masacre de Tlatelolco había sido la acre culminación de una fiesta en la que no pudimos participar. Nuestros padres y hermanos mayores fueron marcados por el desencanto; nosotros, por la desesperanza.

Así, instruidos por nuestros mayores y mejores en la imposibilidad del cambio, arrojados a la existencia en una sociedad aleccionada hasta la depresión o resignada a la inmovilidad, los mexicanos que tuvimos una infancia setentera fuimos señalados en México y en el mundo como una generación desideologizada, sin contienda posible, recluidos en la indiferencia de quien nació después de una fiesta y sólo tendrá que recoger los platos rotos. Al fracaso del sesentayochismo tuvimos que añadir certezas e incertezas igualmente desesperanzadoras: el hombre ya había llegado a la Luna y había constatado que no era de oro ni de queso; era sólo cuestión de tiempo que la guerra fría se calentase con un holocausto nuclear; las grandes utopías de la izquierda no eran otra cosa que pretextos para enmascarar dictaduras individuales o de partido; valores supuestamente absolutos, como democracia y libertad, eran relativizables y manipulables por quienes detentaban el poder; el insostenible discurso de la posmodernidad departía a diestra y siniestra conceptos tan perturbadores como el fin de la historia, la derrota del pensamiento, la ética indolora, la necesidad del refrito, la aceptación incondicionada del multiculturalismo como única vía para resignarse pacíficamente a la desintegración de los valores universales. El panorama, en suma, no podía ser más propicio para que en él germinase, en efecto, una generación espiritual, artística y políticamente inmóvil. Pasivos ante lo arbitrario, expectantes sólo de lo terrible, escépticos frente a cualquier posibilidad de lo absoluto, los niños de entonces entramos al fin a la adolescencia aceptando sin más que se nos definiese con la letra equis, que tiene algo de incógnita, pero también, como quiere un poema mexicano necesariamente cursi, de cruz y de tragedia.

De todos es sabido que esta generación precozmente estigmatizada por la indiferencia despertaría, sin embargo, con las sacudidas de la caída del muro de Berlín o el brutal comienzo del siglo XXI cierta mañana de septiembre del año 2001. En México, sin embargo, esta sacudida llegó antes que Gorbachov o Bin Laden, y no precisamente por obra de la grandeza o la mezquindad humana. Fue la naturaleza misma, con su particular y ciertamente dramático homenaje al movimiento, la que rompió el dique de la permanencia en México. Fue un movimiento telúrico en la mañana del 19 de septiembre de 1985 lo que sacudió el corazón de este país y determinó a su vez el derrumbe gradual de la paradoja de la revolución institucionalizada. Un minuto y medio en la historia milenaria de un país bastó para que la potencia transformadora de la sociedad civil emergiese en la misma medida en que había emergido la endeblez de la figura presidencial. De repente, la autoridad que había contenido exitosamente el alud transformador de 1968 se mostró inepta y medrosa a la hora de enfrentar una crisis imprevisible. Ante este vacío, la sociedad civil tomó en sus manos el desenterramiento de sus muertos y el entierro de su pasividad histórica. Entre las ruinas de la ciudad más grande del mundo, los hombres y las mujeres que quince años más tarde serían responsables de esa ciudad y del país

que la albergaba supieron el precio que deviene de cerrar los ojos ante la corriente ineludible de la historia.

En términos históricos, los quince años que median entre el terremoto de 1985 y las elecciones del 2 de julio de 2000 pueden parecer bastante breves. En México, sin embargo, transcurrieron con la lentitud de los cambios dolorosos y con el vértigo de los periodos históricos que han determinado la transición de cualquier país. Sólo tres años después del terremoto, los miembros de esta generación participamos por vez primera en elecciones que pasaron a la historia como el mayor fraude electoral de la revolución institucionalizada. Parecía que, una vez más, el dique de la permanencia conseguiría contener el cambio. No obstante, la misma sociedad civil que había conocido su fuerza transformadora entre los escombros de la Ciudad de México después del terremoto no pudo ni quiso ya entregarse a la inactividad. Uno tras otro, diversos acontecimientos nacionales e internacionales fueron ampliando las dimensiones del agujero por las que finalmente tendría que irrumpir la historia a través del dique de la parálisis: el derrumbe del muro de Berlín hizo de pronto visible la necesidad de replantear los términos de la utopía; la revolución cibernética de las comunicaciones hizo prácticamente imposible la subsistencia de países inmóviles en un mundo que cambiaba día a día; la globalización de la economía prometió oro y amenazó con el desastre a los pueblos que no se adaptasen al sospechoso pero triunfante discurso del neoliberalismo; la resurrección de un urgente debate ético, que comprendiese la ecología, los derechos de las minorías, la ciencia y aun los términos de la democracia, acabó por exigir la participación de todos los hombres y todos los pueblos sin excepción. Frente a estas fuerzas globales, los mexicanos tuvimos que añadir a la inminencia del cambio las ya insostenibles secuelas de nuestra propia resistencia a la transformación: el fracaso trepidante del Tratado de Libre Comercio, el levantamiento zapatista, el resquebrajamiento interno del partido oficial, los magnicidios, la crisis económica, la proliferación de discursos fundados en una retórica revolucionaria en los que nadie podía creer, en fin, la reciedumbre al cambio por parte de las instituciones resultó de pronto más risible que temible. En una palabra, con la proximidad del fin de siglo la inmovilidad del país comenzó a cobrarnos deudas que no podíamos o no queríamos pagar. La mesa estaba puesta para que una nación que había pasado el siglo xx en una larga y tormentosa adolescencia, aceptase al fin que había llegado la hora impostergable de entendérselas con la madurez democrática.

Las elecciones del año 2000 son sin duda el anuncio de esta aceptación mexicana del cambio como condición indispensable para lograr la permanencia en el concierto de las naciones. Sin embargo, aceptar la madurez y entrar a saco en ella no significa haberla comprendido de todo punto, no digamos controlar sus términos, sus matices, sus espejismos o sus beneficios. Habituados durante siglos a creer en las soluciones apocalípticas y en los líderes mesiánicos capaces de destruir el mundo antiguo en cinco días para reconstruir el nuevo orden

en uno solo, los mexicanos todavía no acabamos de entender que hay un justo medio entre la asunción de un nuevo estado de las cosas y su incorporación a nuestro ser nacional. A tres años de las elecciones del año 2000, la nación que durante más de setenta años aceptó la inamovilidad se escandaliza ante la presunta lentitud de la democracia y, peor aún, promueve ese estancamiento inconsciente o secretamente, como si todavía no estuviese del todo convencida de la imperiosa necesidad de su salto al vacío.

Hay algo de máscara y fotografía en esta última reticencia del mexicano al cambio que él mismo promovió, empujado o asistido por su irrenunciable vinculación con el mundo. Hay algo de máscara porque a veces queremos pensar que la democracia es sólo un rostro más detrás del cual hemos decidido ocultar nuestra condición vacilante y nuestra metamorfosis enigmática. Ahora ejercemos el voto, la opinión, la crítica y la libertad como si no creyésemos que la merecemos, como si actuar democráticamente —hasta la hipérbole del «mayoriteo», el capricho partidario o la caza de brujas mediática— fuese la única condición no para aceptarnos, sino para ser aceptados en el mundo. Actuamos como si supiésemos que en cualquier momento esa máscara de la democracia podría ser sustituida por otra, y por otra más, hasta el infinito. Llegamos incluso al extremo de pensar que la democracia es en sí misma una colección de máscaras intercambiables a voluntad: si la de hoy no nos convence, tal vez podamos intentar otra en las próximas elecciones. Pervive, sin embargo, el temor de que un día esas máscaras de la democracia caigan sin que ninguna de ellas haya arraigado en nuestro rostro auténtico. Entonces pensaremos que lo que fracasó no fueron los muchos rostros que quisimos darle a la democracia, sino la democracia misma, la unidad de lo plural, la única forma más o menos legítima o eficaz con que se ha conseguido la permanencia del cambio más allá de la contradicción o del caos.

Nuestro ahora tiene también algo de fotografía porque lo observamos como si al fin hubiésemos conseguido el fáustico prodigio de detener el tiempo en una suerte de instante último al que todas las naciones y todas las culturas deberían aspirar. Fotografiamos la democracia y esperamos que la imagen resultante nos conforte, permanezca sin matices, afocada, estática, controlada o al menos controlable por nuestra percepción pasiva. Hemos hecho la fotografía, pero al hacerlo hemos olvidado que hay vida más allá de los márgenes de la elección democrática, o que la democracia que no evoluciona se asume como fin en sí misma.

Bien está, me parece, fincar un presente en la ilusión de que es posible afianzarlo. Sólo así podría una nación como la nuestra tolerar el vértigo de su propia movilidad, subir al carro de la transformación sin temer una velocidad que hasta ahora le ha sido ajena. Bien está también enmascararse si eso ha de facilitar la mirada de una cultura hacia sí misma. El problema, vuelvo a decir, está en olvidar que la máscara termina por fuerza delineando el auténtico rostro de quien la porta.

Santiago de Querétaro, 2004

RUTA DE VIDA
EN LUZ IMPRESA

Carlos Villaseñor

México es inasible por una sola persona, y mucho menos por alguien que desde hace más de treinta años ha percibido con sus cinco sentidos gran parte de las fuentes de sus fluidos vitales, transformándose continuamente y para siempre.

El conocimiento privilegiado que ha tenido Adalberto de la biodiversidad y de la consecuente pluriculturalidad de México no lo ha acercado más a la comprensión del conjunto, sino acaso solamente lo ha hecho más consciente de las causas que informan su identidad personal y lo ha acercado a la percepción de la trama y la urdimbre que hacen inseparable a lo natural de lo cultural, a la identidad del sentido, al desarrollo general de lo propio particular.

En mi opinión, el principal mérito de Ríos Szalay es haber registrado las imágenes que dan cuenta de las rutas de su exploración personal y que, por los límites hasta donde ha sido llevada, conforman también un muy detallado mapa en el que se dibujan las claves de las identidades de nuestro país y de sus, a veces, insospechadas resonancias en la naturaleza, en la vida cotidiana y en el arte.

El acervo fotográfico de Adalberto se ha visto enriquecido a través de los innumerables testimonios orales que él mismo ha recogido directamente de los personajes que ha captado con su lente y, también, mediante los escritos que ha redactado como cronista de viajes, como académico y durante su breve actividad como servidor público.

Afortunadamente, Ríos Szalay entra a la fotografía desde la pretensión menos artística que uno se pueda imaginar. Utiliza la imagen y sus grabaciones de campo como un apoyo didáctico a sus clases de administración en la Universidad Nacional Autónoma de México (UNAM), para ejemplificar las consecuencias reales de la aplicación de las fórmulas econométricas impulsadas a partir de los nuevos organismos monetarios internacionales. Gracias a ese origen, Adalberto nunca se ha autopresentado como artista o esteta de la imagen, sino que su trabajo ha estado definido por una intención didáctica, de alto sentido social. Adalberto —más allá de lo bello, aunque produciéndolo— siempre ha querido mostrar los efectos de complejas tramas causales. En un principio, económicas; después, y para siempre, culturales, vitales.

La ruta de Adalberto ha sido acompañada por muchas de las más poderosas miradas que han visto nuestro país en la segunda mitad del siglo XX. De entre aquellos que él mismo cita, quizá fue Guillermo Bonfil Batalla el personaje, el chamán, el taumaturgo que mejor supo provocar la mirada y los pasos de Ríos Szalay.

Guillermo siempre supo esperar sabiamente el mejor momento para colocar espejos cuyo brillo aniquilaba visiones previas e iluminaba otros caminos. Con sonoras carcajadas, Guillermo hizo evidente a Adalberto que el rojo estaba mucho más allá de sus ojos.

En la obra de Adalberto están también presentes —mas no siempre los debemos buscar retratados, pues suelen hallarse escondidos entre las luces que dan sentido a las imágenes— aquellos otros personajes anónimos que resultan ser el anclaje de nuestras identidades comunitarias. Aunque se disfrazan con los trajes más comunes —campesino, artesano, tempero, danzante, partera o cocinera—, Adalberto nos los descubre como dínamos de gran parte de los símbolos y de los significados que soportan la continuidad histórica de nuestras culturas, y como aquellos que, para usar el lugar común, han evitado que el país se nos deshaga entre las manos. Pienso que este libro es, también, un recuerdo y un homenaje a Guillermo desde la luz del México profundo.

Para la presentación de las imágenes y los textos que componen el presente libro, Adalberto siguió el criterio didáctico que le ha caracterizado desde sus orígenes como fotógrafo. Con ello, busca mostrarnos como causa primera de la pluralidad cultural a la biodiversidad de nuestro país, haciendo hincapié en las relaciones que se establecen entre ambas vertientes de identidad. Es más, Adalberto asegura y comprueba que no son más que facetas de una misma roca fundadora.

Así, descubrimos que los diálogos interculturales nunca han tenido como escenario un continente aséptico, puro e ingenuo, sino que se construyen y definen a partir del territorio donde el encuentro sucede.

Resulta clave en la invención de América, por ejemplo, el que los extremeños hallen resonancias identitarias en el tepetatoso altiplano. La similitud de paisajes asegura un primer conjunto de códigos compartidos y sienta, por sí misma, las bases primigenias de un mestizaje cuyas matrices culturales son fundadoras de la diversidad cultural iberoamericana.

Valga la reflexión, los portadores del nuevo paradigma antropocentrista no eligieron inicialmente la abundancia del trópico para asentarse porque, aunque aparentemente cómoda, les resultaba inapropiable. Será después, cuando la fórmula del sincretismo les permita articular y superponer sus símbolos y significados propios, cuando comience verdaderamente la construcción y el desarrollo de la diversidad cultural iberoamericana. De ahí la fortaleza simbólica de los conventos, de ahí el barroco, de ahí la universidad y, también de ahí, la supervivencia del contenido simbólico prehispánico de los ritos, las ceremonias y las toponimias de nuestro país mestizo.

Baste este ejemplo para hacer evidente que la ordenación que ha hecho Adalberto de las imágenes que componen este libro es solamente una primera propuesta metodológica que apenas contiene el verdadero alcance que esta fracción de su testimonio puede tener: Rayuela de espejos; Atrapador de sueños; Tiempo compactado: Futuro histórico; Ojos nuevos.

Después de treinta años de trabajo y más de quinientas mil imágenes registradas, la obra de Adalberto comienza a tener una suerte de vida propia, donde, desde la sensibilidad particular de cada uno de los observadores, es posible trazar rutas, tender puentes, abrir caminos y descubrir espejos para transitar por la anatomía de nuestra identidad individual; pero, sobre todo, para descubrir que nuestra identidad está indisolublemente entramada con la biodiversidad y multiculturalidad de nuestro país y de muchos continentes.

Una última anotación. Adalberto no sólo ha sido a través de México, aunque nuestro país sea el núcleo de su identidad. Su habilidad para navegar plácidamente por las corrientes profundas de las identidades le ha merecido el reconocimiento de las más destacadas publicaciones especializadas y de numerosas instituciones científicas, quienes lo han llevado a viajar por más de cincuenta países. Curiosamente, en cada uno de sus viajes siempre ha encontrado una pieza que da nuevo sentido al conjunto. No sólo en las tierras de Andalucía, por aquello del mudéjar; o en el Caribe, por aquello del ritmo; sino también en Nueva Zelanda, origen desconocido de la esencia de la barbacoa y del *mixiote*; o en Nueva York, influencia determinante para el muralismo.

Adalberto ha percibido de cerca los salones de palacio y los rostros de la guerra; el mar, la selva y el desierto; el ros-tro que guarda los silencios del tiempo y los ojos que recién se abren a la vida. Ha contemplado la ilusión artificial de las luces de neón y la ha contrastado con los amaneceres de aquellos pueblos que aparentemente no tienen nada. Ha estado en los grandes rascacielos y, después, se ha reído, irónico, abrazado de una ceiba. Ha recibido advertencias de muerte intencionalmente colocadas entre las sábanas de su improvisado dormitorio, y ha conocido la desaparición de su obra expuesta, sustraída por quienes se conmovieron ante una imagen y concluyeron —sin el menor asomo de duda— que había sido suya desde siempre.

Ojalá que, como yo lo he hecho, al asomarse al espejo que construyen estas imágenes de México, sean capaces de verse reflejados. Ojalá que, como Adalberto, un día nos descubramos inexplicables sin nuestro país. Ojalá algún día cercano aprehendamos que somos uno a través de la diversidad.

Tlaxcala de Xicohténcatl
2 de julio de 2004

EL TERRITORIO MEXICANO

Tierra de volcanes

El territorio mexicano se localiza en el llamado Cinturón de Fuego del Pacífico, una de las áreas de mayor actividad sísmica del mundo. Desde el Tacaná, en la frontera sur, hasta Cerro Prieto, en los límites de Baja California, volcanes y sismos han participado en el modelado del paisaje mexicano, propiciando la aparición de elevaciones, lagos o la fertilidad de suelos como los del Bajío.

México tiene una docena de volcanes potencialmente activos. La mayor parte de la población del país se distribuye entre las más importantes elevaciones volcánicas; una región en la que existen más de tres mil edificios volcánicos menores.

Aguas maravillosas en profundidad y grandeza

Oleaje, viento y acumulación de materiales orgánicos de cuatro mares —el Pacífico, el golfo de México, el Caribe y el golfo de California— han delineado el contorno de 11.122 kilómetros de costas, además de islas, islotes y arrecifes.

Cuando fray Bernardino de Sahagún recopilaba el saber y la cosmovisión náhuatl, encontró que para referirse al mar en dicha lengua no se utilizaba un vocablo específico y directo, sino un concepto que él sintetizó en castellano como «aguas maravillosas en profundidad y grandeza».

Paisajes de megabiodiversidad

México es el cuarto país en megabiodiversidad, una de las doce naciones que en conjunto albergan las dos terceras partes de las especies vivas del planeta. Ello se debe a su notable topografía, a la variedad climática y a su condición de área de transición, donde se tocan dos zonas biogeográficas contrastantes del continente (la neoártica y la neotropical). Todo esto crea un mosaico de condiciones ambientales que comprende bosques de pino-encino, selvas húmedas, pastizales, desiertos, bosques mesófilos, selvas secas, de niebla, pantanos, arrecifes, llanuras, etc.

La flora

El número estimado de plantas en México es de 36.000 especies (9.670 de ellas endémicas). El número de especies vegetales mexicanas es el doble de especies vegetales europeas. México tiene el 48 % de las especies de pinos registradas en el mundo, el 75 % de las agaváceas, el 45 % de las cactáceas, 95 tipos de palmas, 920 clases de orquídeas y 25.000 especies de plantas con flores.

La fauna

México ocupa el primer lugar mundial en reptiles, el segundo en mamíferos y el cuarto en anfibios. Hay 20.000 especies de insectos, 1.050 variedades de aves, 425 especies de mamíferos terrestres y 50 especies de mamíferos marinos.

He tenido la fortuna de realizar parte de mi trabajo al lado de algunos de los más connotados biólogos de mi país, gracias a ellos y a mi cámara he aprendido que el avance de una sociedad debe comprender la protección de su base natural.

Paisaje telúrico de chimeneas y fumarolas en Cerro Prieto, Baja California; manifestaciones del sistema de fallas San Andrés-Golfo de California que amaga permanentemente a la ciudad de San Francisco, California.

PÁG. 32
La vida surge en las faldas de lava del volcán Paricutín, Michoacán.

PÁG. 34-35
La serranía del Burro, en Coahuila, corresponde a la parte más antigua del territorio mexicano; la naturaleza trenza montañas en una zona libre de la presencia humana y orogénesis del territorio mexicano.

El Popocatépetl (5.452 m) es la segunda altura de México y quizás el volcán más querido por sus habitantes, al que otorgan nombre y presencia humana. Don Goyo, como se le llama, me permitió hacerle un retrato a pie de carretera, en los límites de Puebla y Tlaxcala.

PÁG. 37
En Hierve el Agua, cerca de las pirámides de Mitla en Oaxaca, torrentes sobresaturados de carbonato de calcio fluyen proponiendo caprichosas formas, que incluyen cascadas pétreas.

PÁG. 38-39
Entre las ciudades de Monterrey y Saltillo corre una cordillera de macizos rocosos y cactáceas, punto de arranque de sistemas montañosos calificados por Pablo Neruda como «huraña geografía».

PÁG. 40-41
El río Bravo, en la frontera norte, ha esculpido el cañón de Boquillas del Carmen, paraje aislado, inhabitado y majestuoso, con profundidades hasta de 500 metros.

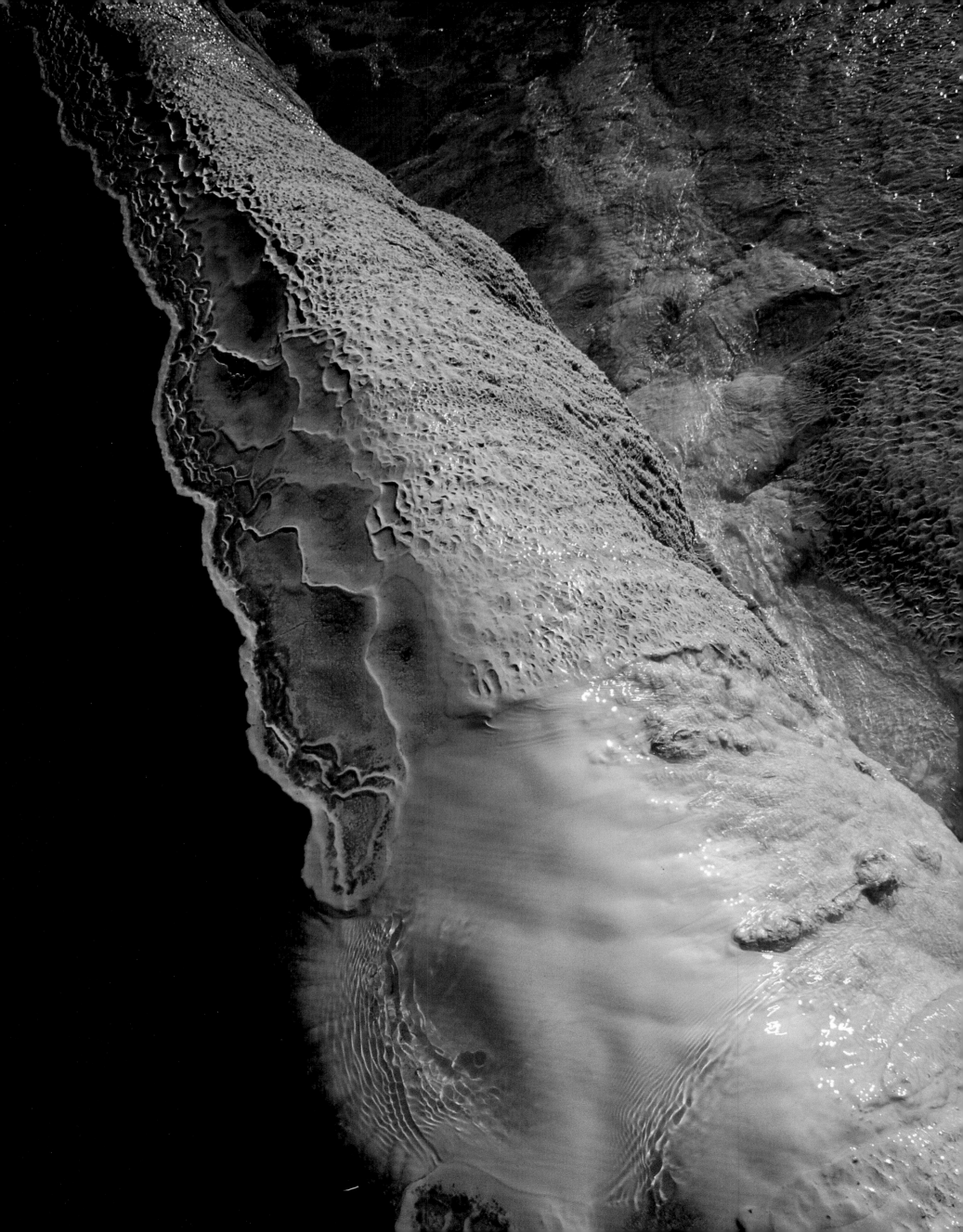

Barruntos de tormenta en Playa del Carmen, Quintana Roo. Los ciclones son parte de la dinámica caribeña, una de las primeras aportaciones de las lenguas americanas al español fue la voz caribe: huracán.

PÁG. 45
Dunas azules se alinean bajo el agua frente a Isla Mujeres, Quintana Roo, primera tierra mexicana avistada por los españoles en 1517.

PÁG. 46-47
El banco Chinchorro en Quintana Roo es el arrecife más grande de México, abarca 800 kilómetros cuadrados. Sobresale menos del uno por ciento, emergiendo de una profundidad de más de mil metros con 70 especies de corales y 200 variedades de peces multicolores.

PÁG. 42-43
Amanecer en la Sierra Madre Oriental en el estado norteño de Nuevo León.

De las once especies de tortugas marinas que habitan el planeta, diez arriban a playas mexicanas y nueve desovan en sus arenas, donde volverán cada año después de recorrer enormes distancias.

La ballena gris llega a alcanzar 18 metros y 40 toneladas de peso. Para aparearse, dar a luz y crear a sus bebés, cada año recorre 10.000 kilómetros desde el Ártico hasta las tibias aguas de lagunas de Baja California Sur, únicos lugares en el mundo donde se acercan a interactuar con los humanos.

San Carlos en la costa sonorense del golfo de California ofrece un paisaje de mar y desierto diferente a las playas tropicales del sur de México.

PÁG. 51
Las aguas del Golfo cercanas a Veracruz se asocian con los tristes tonos de los puertos de altura. Sin embargo, basta alejarse unos minutos para alegrarse con la cristalina transparencia de la isla Verde, la Blanca y la de Sacrificios, donde desovan las tortugas carey.

PÁG. 52-53
En medio del banco Chinchorro, en el Caribe, se localiza Cayo Centro, refugio de aves y de afortunados pescadores que han levantado palafitos en su atolón privado.

PÁG. 54-55
La Reserva de Sian Ka'an, en Quintana Roo, conserva múltiples ecosistemas caribeños, como las zonas inundables de gran importancia para la vida marina.

Para proteger sistemas de selvas tropicales, cayos, manglares, cenotes, dunas costeras y zonas inundables, México creó la Reserva de la Biosfera de Sian Ka'an de 528.000 hectáreas, en la franja geológica más joven de la península de Yucatán.

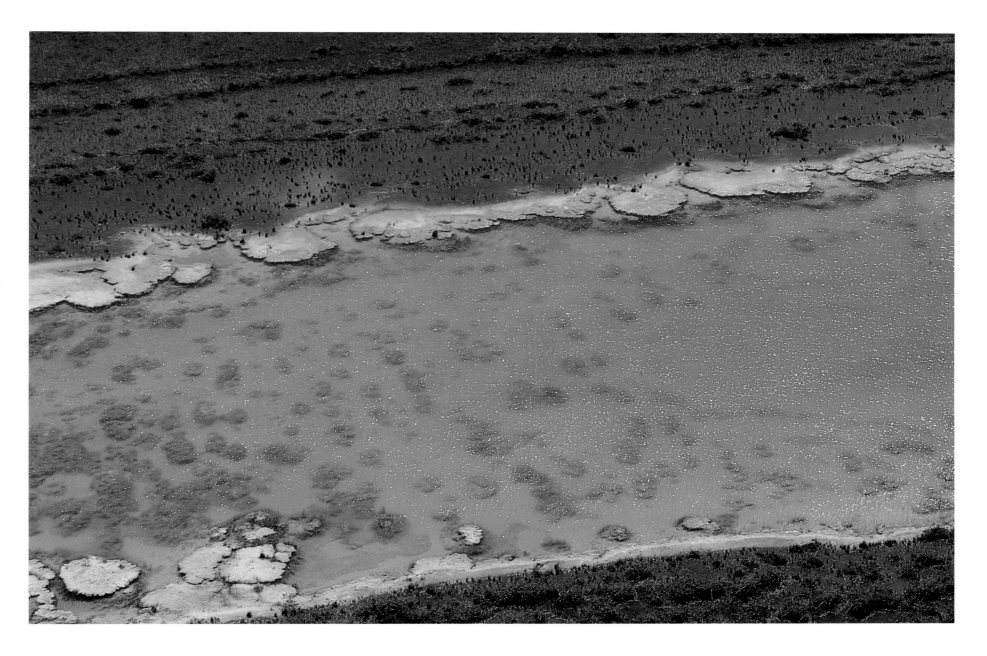

La laguna de Bakalar cercana a Chetumal, Quintana Roo, con la policromía de sus aguas y el enigmático cenote Azul
ha sido escenario de la historia maya y de la presencia de piratas.

PÁG. 58-59
México registra el 48% de las especies de pinos conocidas en el mundo. Las lagunas de Zempoala, en las tierras altas
de Morelos, fueron uno de los primeros parques nacionales, al principio, sin tomar en cuenta la gran biodiversidad, reducidos
sólo a bosques de coníferas.

PÁG. 60
Basaseachic es la caída de agua más alta de México (246 m). Forma parte del Parque Nacional del mismo nombre
y corresponde a la sierra tarahumara de Chihuahua.

PÁG. 61
Catarata de Mishol Há en la selva Lacandona, cerca de la antigua ciudad maya de Palenque.

PÁG. 62
La península yucateca carece de ríos superficiales, tiene en cambio purísimas aguas subterráneas en cavernas llama-
das cenotes. Xkekén, descubierto por un cerdito (de ahí el nombre maya), es uno de ellos.

PÁG. 63
El bosque mesófilo de la barranca de Metlac en Orizaba, Veracruz, es un ejemplo de la armonía que logra el aparente
caos de la naturaleza tropical.

El altiplano mexicano fue convertido en áreas de labor agrícola y asiento de innumerables poblaciones. Su topografía, suelos marrones, sauces llorones junto a broncos ríos de temporada, volcanes y nubes son el paisaje que rodean la vida de un alto porcentaje de los mexicanos.

PÁG. 65
El cañón del Sumidero en Chiapas, con despeñaderos hasta de 1.000 metros de altura, es escenario de la historia con sus cuevas, pinturas rupestres y restos arqueológicos.

Cañón de la Venta, en Ocozocuautla, Chiapas, con precipicios hasta de 400 metros de altura. Al aflorar un río subterráneo en su lecho da lugar a un espectáculo natural conocido como El Aguacero.

PÁG. 67
Lacam-tun es el nombre maya de la laguna Miramar, en la selva Lacandona, tiene una extensión de 16 kilómetros cuadrados, una isla con vestigios arqueológicos y vecinas de bellos nombres como las lagunas: Ojos Azules y Suspiro.

En los manglares los árboles realizan el prodigio de desalinizar el agua marina y comenzar, milímetro a milímetro, la formación de nuevos suelos. Los manglares actúan como incubadoras de aves, peces y crustáceos, como Chacagua en la costa de Oaxaca.

PÁG. 70
Hoja de garra de león en Morelos.

PÁG. 71
Mariposas monarcas aparentemente frágiles, viajan seis semanas desde Canadá, cruzando Estados Unidos, hasta el centro de México, para invernar en los bosques de Michoacán y el estado de México que llegan a reunir 20 millones de ejemplares.

Los flamencos encuentran en los humedales de la península de Yucatán condiciones ideales para su existencia. México protege a esta especie en las rías de Celestún y Lagartos, donde hay una población de 25.000 aves.

Dunas de Samalayuca al norte de Chihuahua.

Un pinacate cruza por las dunas del desierto de Sonora, al que ha dado su nombre. Sus huellas se unen a las de múltiples aves y reptiles, entre ellas las de serpientes de cascabel, para desmentir la supuesta ausencia de vida en el desierto.

PÁG. 76
Las salinas de Guerrero Negro en Baja California Sur son las más grandes del mundo a cielo abierto, cubren una superficie de 42.000 hectáreas.

PÁG. 77
Un suelo agrietado por temperaturas que rebasan los 50 grados da constancia del paso de un coyote en Cerro Prieto, Baja California.

Petroglifos en el Ejido la Mula, Nuevo León.

PÁG. 78
Petroglifos y lagartija azul en Boca de Potrerillos, Nuevo León.

PÁG. 80-87
Las cactáceas son originarias del continente americano. En México hay ochocientas variedades y representan el 45% de las existentes en el mundo. Los cactos son especies admirables por su notable capacidad para sobrevivir, con porte y dignidad, en condiciones severas. La superficie de sus tallos está cubierta por una espesa capa de sustancia cerosa que reduce la pérdida de agua por evaporación. Su crecimiento es muy lento, sirven como alimento, remedio medicinal, material de construcción o forraje, y se les reconocen propiedades para los conjuros. Las cactáceas, junto con los ágaves y flores silvestres son un lujo de los campos mexicanos. Desde la fabricación de cordelería hasta el escudo nacional, son iconos mexicanos. La plasticidad en la estructurada distribución de sus espinas y el derroche de color en el despliegue de sus efímeras floraciones, han sido motivo de especial atención en este trabajo.

Entre la vegetación chiapaneca una serpiente bejuquillo trata de pasar desapercibida.

El jaguar es el felino más grande de América, su vigor y sagacidad le mereció reverencia desde la cultura madre, la olmeca, hasta su emulación en las altas jerarquías militares aztecas. Su hábitat se reduce cada día en algunas regiones en el sureste.

PÁG. 90
Los tucanes deslumbran por su pechera amarilla, contrastante con el negro de su etiqueta rigurosa; su descomunal pico, especializado en aprovechar los frutos de su preferencia, no resta elegancia a su vuelo ni a su presencia.

PÁG. 91
Los pelícanos son infaltables personajes de la costa, en México los hay desde blancos inmaculados que llegan para desentenderse del invierno canadiense, a los de plumaje obscuro que prefiere permanecer en el trópico.

LA PRIMERA RAÍZ
CIVILIZACIONES PREHISPÁNICAS

A los dones de la biodiversidad del territorio mexicano, sus hombres y mujeres correspondieron desarrollando modelos de civilización lo mismo en la selva alta, los pastizales, el altiplano o el desierto.

La apropiación del territorio se plasma en 33.000 sitios arqueológicos registrados, y su vigor cultural se refleja en el desarrollo autárquico de pueblos que crearon conocimientos, arte y cultura sin contacto alguno con civilizaciones externas hasta el siglo XVI.

Por sus dimensiones en el tiempo y en el espacio, por su diversidad, por su intrincada cosmovisión, por la violencia de su fractura y por la magnitud de las investigaciones que quedan por realizar, el conocimiento del mundo prehispánico es una tarea compleja y de futuro.

Los conocimientos actuales permiten dimensionar la magnitud de la herencia entregada por los pueblos prehispánicos, aportes que van desde la domesticación de especies animales y vegetales, hasta expresiones artísticas o conocimientos astronómicos que no dejan de sorprender en esta era de satélites y de exploración del espacio.

Paul Kirchhoff, basándose en criterios geográficos y culturales, definió las regiones de Aridoamérica, refiriéndose al norte de la República Mexicana y Mesoamérica, que comprende desde los ríos Sinaloa, al noroeste, y Pánuco, al nordeste, hasta el golfo de Nicoya, en Costa Rica.

Ante la magnificencia de las ciudades-estado del centro y el sur mexicano, las huellas de las culturas norteñas en ocasiones son soslayadas, sin embargo los petroglifos de Coahuila, Nuevo León y Sonora, así como las pinturas rupestres de la Baja California, son obras maestras de seres que, viviendo en un mundo difícil y precario, lograron diseños que hoy parecen audaces propuestas de un movimiento vanguardista.

Comparto una serie de imágenes del mundo prehispánico, lo hago como fotógrafo entusiasmado con Paquimé en Aridoamérica, Xochicalco en el centro, San Lorenzo Tenochtitlan en el sur y Ek Balam en la península yucateca. Lo hago con visión de mestizo, haciendo mía aquella promesa inscrita en el huehuetlatolli: los que llevamos su sangre, su color, nunca los vamos a olvidar.

El Parque de la Venta en Villa Hermosa, Tabasco, ha concentrado algunas de las piezas clave de la cultura olmeca, como cabezas monumentales o altares con dignatarios bajo la presencia del felino sagrado.

PÁG. 94-95
Paquimé, en Chihuahua, data de hace 1.800 años, sus construcciones, hasta de cuatro niveles, se destacan por su armonía con el medio y notable funcionalidad. Sus habitantes hicieron llegar las turquesas de Nuevo México hasta Yucatán y Centroamérica y trajeron, como un lujo, guacamayas a las que asignaron un sitio especial.

Monte Albán ocupa una elevación vecina a la actual ciudad de Oaxaca, su gran plaza, palacios, templos y mausoleos transmiten el sentido de la grandeza zapoteca.

PÁG. 101
Mitla, en Oaxaca, además de sus plazas y templos, se distingue por la belleza de los muros de sus palacios, trabajados con la misma maestría de sus diseños textiles.

PÁG. 96
Entre las ciudades mayas las hay consagradas por justa fama, sin embargo, desde su soledad, la majestuosidad del palacio de Sayil invita a imaginarlo con personajes de tocados tornasoles, percusiones de tunkul, caracoles y nubes de copal.

PÁG. 97
Kabah, ciudad maya de la ruta puc, tiene entre sus edificios el llamado Kodz Poop, formado por una interminable serie de mascarones de Chak, dios de la lluvia. Su machacona presencia recuerda aquellas oraciones y alabanzas que se repiten una y otra vez, en este caso como materialización de una plegaria a la lluvia salvadora.

PÁG. 98-99
Teotihuacán fue reemplazada por Xochicalco, ciudad-estado notable como emplazamiento militar, estratégica posición comercial, centro de las artes y sede de reuniones de sabios para estudiar los astros y ajustar los tiempos.
Humboldt y Julio Verne escribieron acerca de Xochicalco, Morelos, inspirados por la pirámide de las serpientes, una de las más logradas obras del arte prehispánico.

La Quemada en Zacatecas es una zona arqueológica en medio de un severo paisaje, es la ciudad prehispánica con pirámides monumentales más al norte de México.

PÁG. 102
Desde un recinto prehispánico el jaguar parece observar El Castillo, pirámide emblemática de la ciudad maya de Chichén Itzá.

Cuando en Tulúm se termina de admirar las construcciones mayas en armonía con el océano, es tiempo de cruzar la carretera para encontrarse un cuadro de concordancia con la selva. En Cobá, los templos emergen del océano vegetal que les rodea.

PÁG. 105
Cuanto más camino por las grandes ciudades del pasado, como Uxmal, más más cierto estoy que nada es producto del azar; cuando creo descubrir nuevos ángulos que me muestran detalles maravillosos, estoy seguro que así fueron soñados en su tiempo.

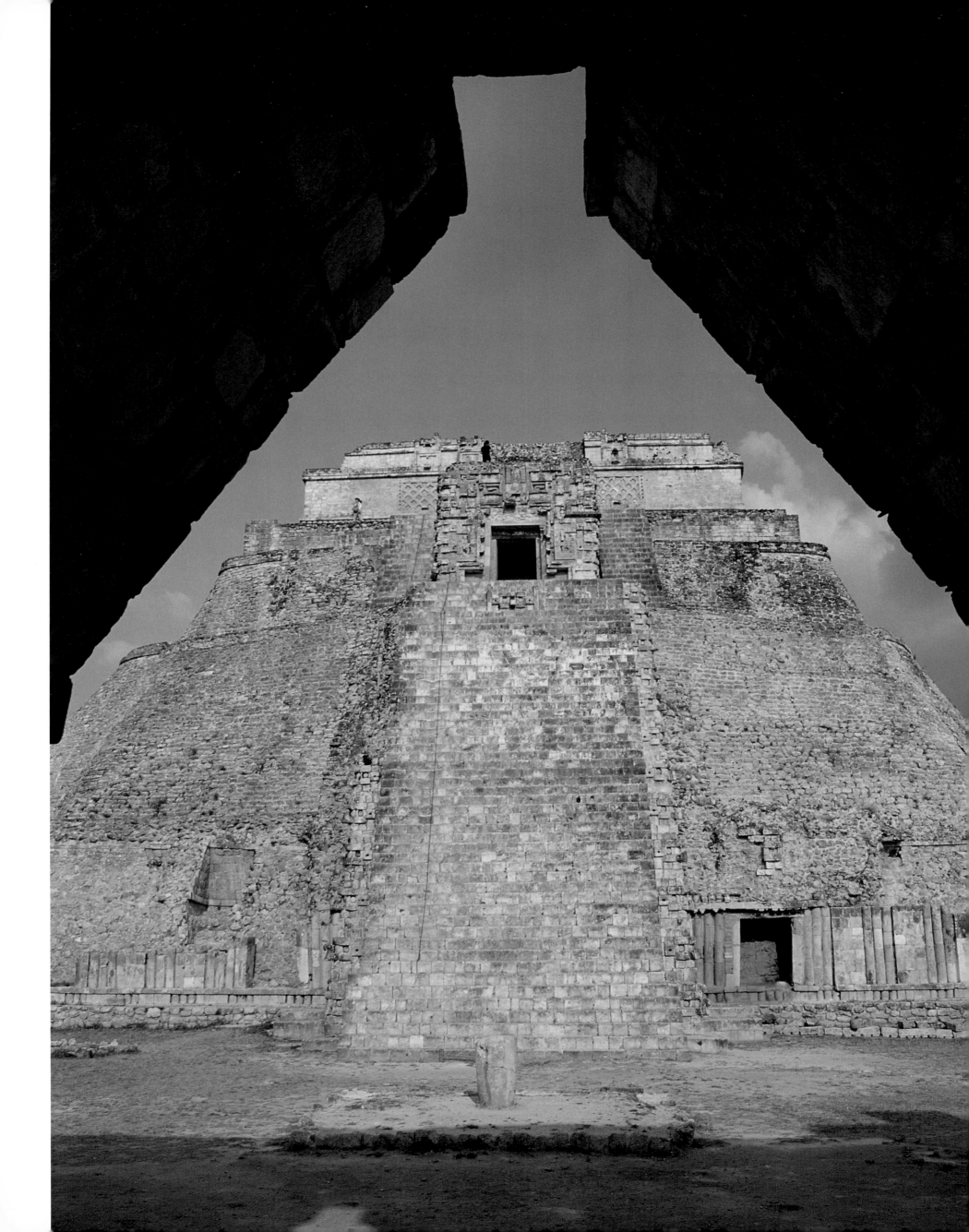

Los purépechas jamás fueron sometidos por los aztecas. Sus yácatas, en Tzintzuntzan, Michoacán, también expresaron libertad en su diseño, haciendo que las líneas curvas jugaran con lo recto. La visión aérea permite apreciar lo que la mente de sus virtuosos constructores concibió.

PÁG. 106
En Palenque, como en Gizeh, constatamos que las pirámides pueden ser un intento para preservar la memoria de los hombres, vulnerada por su mortalidad, pero que trascienden como género al levantar monumentos que se perpetúan como hitos culturales.

PÁG. 108
La gran puerta de Labná nos deja claro que la funcionalidad sin belleza es tan estéril como el arte que no logra serlo por su inconexión con la vida y los procesos culturales.

PÁG. 109
Los mexicanos descubrieron que el aguamiel de los agaves fermentado produce un cierto vértigo, tal vez por ello decidieron dedicar una pirámide al Tepozteco (especie de Baco mexicano) en precipicios que recuerdan sus efectos.

Toniná se prende de la montaña de la selva chiapaneca; como todas las ciudades mayas guarda claves encriptadas, en este caso un enorme códice de argamasa donde fauna y hombre interactúan, bajo la mirada del cosmos que todo lo regula.

En Ek Balam, Yucatán, cautiva la incorporación de la figura humana en medio de un bosque de simbolismos. Un pórtico dentado es flanqueado por seres alados con una base y posición que recuerda a las figuras de ajedrez.

En 1975 en Cacaxtla, Tlaxcala, se descubrieron murales que representan dignatarios, guerreros y artistas de perfiles e indumentaria maya, reflejo de la interacción con una civilización localizada en el extremo sur del país.

La grandeza de Teotihuacán transmitía la sensación de poder convertir en dioses a los hombres. Fue su planificación económica, desarrollo artístico y social lo que determinó los parámetros del futuro desarrollo cultural de Mesoamérica.

Los mitos siempre hablan de una tierra de gigantes. Los atlantes de Tula parecen confirmarlo, sin embargo la grandeza del lugar tiene su clave en las palabras: Tolteca, sus habitantes, es sinónimo de sabio; civilización se dice *tollan* (tula) y cultura *tol-tecayotl* (toltequidad).

NUESTRA SEGUNDA RAÍZ

En 2017 se cumplirán quinientos años de que nuestra segunda raíz, la española, echó simientes en México. Comenzó así la gestación del México plural y polifacético que hoy existe.

La sobreposición de capillas sobre teocalis fue tan dolorosa como la construcción de alcazabas sobre fortalezas romanas y de campanarios sobre minaretes. De tales encontronazos nadie salió como había entrado, porque para levantar lo nuevo se utilizaron los adobes de lo previo y porque en toda obra humana colectiva cada ser deja su impronta.

VIRREINATO

Al terminar la conquista los españoles se vieron con un territorio y una fuerza de trabajo de magnitudes tales que decidieron construir una Nueva España.

Para ello emprendieron acciones descomunales, con un vigor y una osadía fuera de lo común. Los vencidos, por su parte, decidieron preservar lo que consideraban irrenunciable y esforzarse en transmitirlo.

La sagacidad y las argucias de ambas partes se pusieron en juego para imponer una nueva lengua, pero enriqueciéndola con vocablos y giros de la tierra; para levantar obras a partir de arquetipos peninsulares, pero incorporando conceptos y elementos locales, y para imponer una nueva religión, aunque con rendijas para algunas incorporaciones al panteón cristiano.

En los hechos, ambas partes tuvieron que sumar y ceder, recibir y conceder, ganar y perder, no en el terso campo de un programa de intercambio cultural, sino en el difícil y doloroso camino de un proceso de colonización que terminó siendo uno de los más grandes sucesos de transculturación, que dio lugar al nacimiento de una nueva nación: México.

Negar el significado de tal etapa es negarnos a nosotros mismos. Octavio Paz decía: «Deidificamos a ciertos periodos y olvidamos a otros. Uno de los periodos que han sido tachados, borroneados y enmendados con más furia ha sido el de la Nueva España».

Cuando inicié mi trabajo fotográfico no me interesaban las obras del virreinato, mucho menos las construcciones religiosas. Sin embargo, conforme avancé en el conocimiento de mi país y de mi pueblo, me percaté de que cerrar los ojos o evadir el patrimonio de cuatro siglos era un absurdo.

No deben reivindicarse los procesos coloniales, pero sí el encuentro de valores humanistas y los frutos de la sensibilidad y el talento de las manos indias, mediterráneas y negras que los produjeron; las obras del espíritu y la cultura están muy por encima de las mezquindades y vicisitudes políticas y económicas circunstanciales.

El virreinato dejó huellas de las tareas productivas que le dieron vida, como la minería y la agricultura, en haciendas, acueductos y fundos; de moradas, en palacios, casonas y viviendas; de creencias, en templos y conventos, y de procesos educativos, en colegios y universidades.

Antiguas pirámides fueron utilizadas como basamentos de las sedes del nuevo orden religioso. Las escalinatas, sin embargo, en muchos casos fueron el camino por el que ascendieron las viejas deidades, con nuevos ropajes y apelativos, buscando equivalencias y atributos, como en Contla, Tlaxcala.

PÁG. 119
Sobre el Templo Mayor, corazón de México-Tenochtitlán, se levantaron los núcleos de los poderes civiles y religiosos de la Nueva España. Durante cuatro siglos el gran teocali permaneció soterrado, a finales del siglo XX algunas de sus partes volvieron a la luz, enfatizando la dualidad del México contemporáneo.

PÁG. 116
Hasta 1517 los españoles sólo habían encontrado bohíos y caseríos americanos, quiso el destino que fuera el Caribe el marco para mostrarles la primera gran edificación mesoamericana: Tulum, la ciudad amurallada.

PÁG. 117
En Cholula, la ciudad sagrada, un templo cristiano levantado sobre la pirámide más alta del continente, interrumpe el paisaje que durante siglos guardó el Popocatépetl.

Las antiguas pirámides de Teotitlán, en Oaxaca, fueron también utilizadas como basamento de los nuevos templos.

Pág. 120
Las líneas rectas y las grecas, variantes de éstas, de los templos y palacios de Mitla sufrieron de improviso la aparición de curvaturas. Creadas para suplir los perfiles zapotecos, terminaron siendo parte de los mismos.

San Juan de Ulúa en Veracruz fue lugar de desembarco de los conquistadores. En 1683 después del asalto del corsario Lorencillo, se fortificó. Fue el último reducto de España en tierra mexicana, después combatió contra la armada francesa e invasores norteamericanos. Fue prisión y es ahora sede del INAH.

Los pueblos del Anáhuac solían hacer sus rituales en espacios abiertos, iluminados por el sol y con la perspectiva ascendente de sus teocalis piramidales. La penumbra de los nuevos templos les inhibía y no correspondía a sus visiones cosmogónicas. Por ello la primera forma constructiva propia de la Nueva España fueron las capillas abiertas, arquitectura mestizada que cumplió con la liturgia y se instaló en el paisaje mexicano. Las hay austeras y almenadas, de reminiscencias mudéjares o con elementos del gótico tardío. Capilla abierta del convento de San Francisco, Tlaxcala.

Tlalmanalco, estado de México, capilla abierta de múltiples arcos que por su buena factura se conoce como la Capilla Real. La intervención indígena en el decorado plateresco es evidente, incluyendo un glifo calendárico.

La capilla abierta de Actopan, en Hidalgo, es una bóveda de 17,5 metros de ancho por 12 metros de altura. Sus murales son reflejo del adoctrinamiento, con todas sus promesas y amenazas, donde se identifican escenas entre indios y españoles.

El convento de Maní, en Yucatán, con su capilla abierta fue el escenario donde el obispo fray Diego de Landa quemó los códices mayas.

La capilla abierta de Tepozcolula, Oaxaca, fue una de las más exquisitamente realizadas. Juegos de columnas, contrafuertes, bóvedas y arcos decorados denotan la planeación de una obra permanente, dejando el carácter transitorio que parecieran confesar las capillas abiertas de otras partes.

En el templo de San Miguel en Ixmiquilpan, Hidalgo, fueron descubiertos en 1955 murales que escenifican la lucha entre el bien y el mal; para el tlacuilo (pintor indígena) la única manera de representar la batalla encomendada fue reproduciendo las que él había conocido entre caballeros águilas y jaguares.

PÁG. 142
La iglesia de Tonanzintla en Puebla es considerada como obra maestra del barroco indígena y es el más acabado ejemplo del proceso sincrético ibero-mexicano en el arte religioso.

La ornamentación de la iglesia de San Francisco en Acatepec, Puebla, es fiel reflejo de la participación indígena que echó mano de nuevos materiales, como el azulejo de Talavera, con brillo y colores acordes a su gusto y sentido creativo.

La cúpula del camarín de la Virgen de Ocotlán, Tlaxcala, es una abigarrada expresión del barroco indígena.

PÁG. 146-147
La capilla del Rosario, en Puebla, marca un momento culminante del barroco. La Nueva España rica hacía nacer ciudades y emporios y contribuía generosamente a la metrópoli. Puebla ciudad española por antonomasia, paso de riquezas camino de ultramar, tenía que demostrar piadosa gratitud por la bonanza.

PÁG. 148
Las columnas del templo de Santo Domingo, en San Cristóbal de las Casas, Chiapas, refleja la cercanía de su barroquismo con las obras elaboradas en la Antigua Guatemala.

PÁG. 149
La basílica de Ocotlán es un eje de la identidad tlaxcalteca. Su barda atrial consta de 26 arcos invertidos, sus torres destacan por la esbeltez y la blanca fachada por su barroco churrigueresco. El interior conserva portentosos retablos y el camarín de la Virgen.

PÁG. 150-151
La plata de Zacatecas hizo posible obras magníficas, entre ellas su catedral, en cuya fachada el barroco muestra su carácter mexicano. Los ángeles agregan a las ofrendas de las uvas las mazorcas del maíz y los frutos del cacao.

148

El sotocoro con la representación del árbol genealógico de Santo Domingo, en su templo de Oaxaca, es uno de los bienes culturales más preciados del virreinato.

PÁG. 152
El Sagrario Metropolitano adosado a la catedral de México fue construido a mediados del siglo XVIII por el arquitecto andaluz Lorenzo Rodríguez. Este retablo pétreo es considerado una perla del barroco.

PÁG. 154-155
El santuario de Guadalupe, en Morelia, es quizá la última obra del barroco popular, se construyó en 1907 y llama la atención por el desinhibido uso del color y las formas.

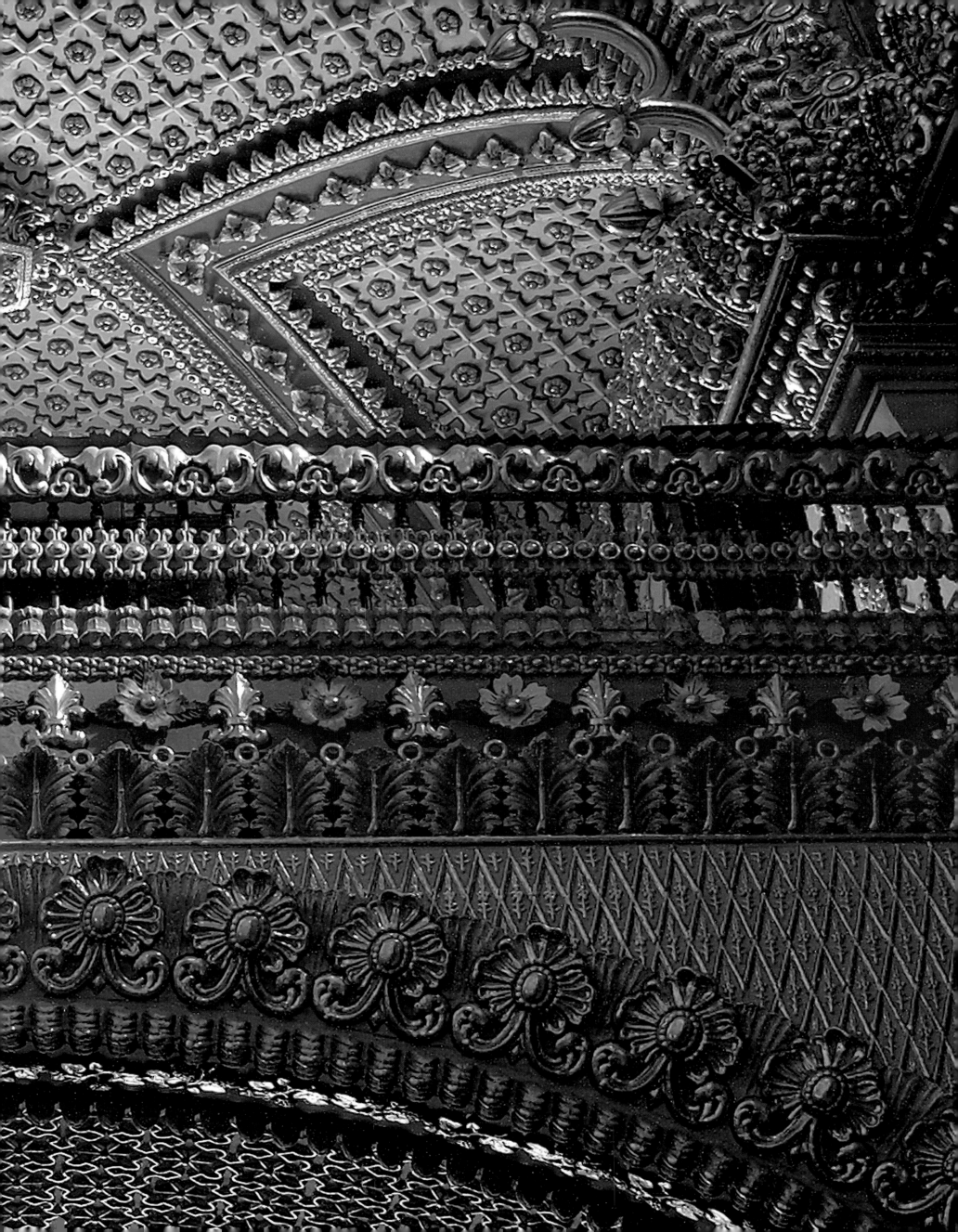

El camarín de la Virgen del Santuario de Jesús Nazareno en Atotonilco, Guanajuato, muestra un conjunto de imágenes, pinturas y trabajos en plata, acordes a la riqueza de las minas guanajuatenses.

PÁG. 156
El templo del Carmen en San Luis Potosí con sus ángeles de olanes vaporosos es de un barroco diferente y colorido.

La construcción de la presa de El Infiernillo, Michoacán, cubrió el pueblo del que sólo sobresale la torre de su iglesia.

PÁG. 159
En medio de un mar de lava petrificada la iglesia del Señor de los Milagros queda como un recuerdo del pueblo de Parangaricutiro, Michoacán, cubierto por la erupción del volcán Paricutín en febrero de 1943.

PÁG. 160
El Hospital de Jesús Nazareno fue fundado por Hernán Cortés, continúa en funciones y se dice que en él se encuentran los restos del conquistador.

PÁG. 161
Sobre un antiguo emplazamiento para el acopio de tributos el nuevo usufructuario levantó su palacio. Cortés transplantó a Cuernavaca el arquetipo y los sueños de grandeza que le inspiró el alcázar de Diego Colón en Santo Domingo.

PÁG. 162
El Palacio del Obispado en Monterrey (1797) fue una de las últimas construcciones del virreinato: Posteriormente fue emplazamiento militar y es hoy sede del Museo Regional de Nuevo León.

PÁG. 163
Francisco de Montejo, adelantado de Yucatán, celebró su gloria construyendo un palacio con senda alegoría. Hoy forma parte del patrimonio de Mérida, cuyo nombre es testimonio del papel primordial jugado por Extremadura en la conquista.

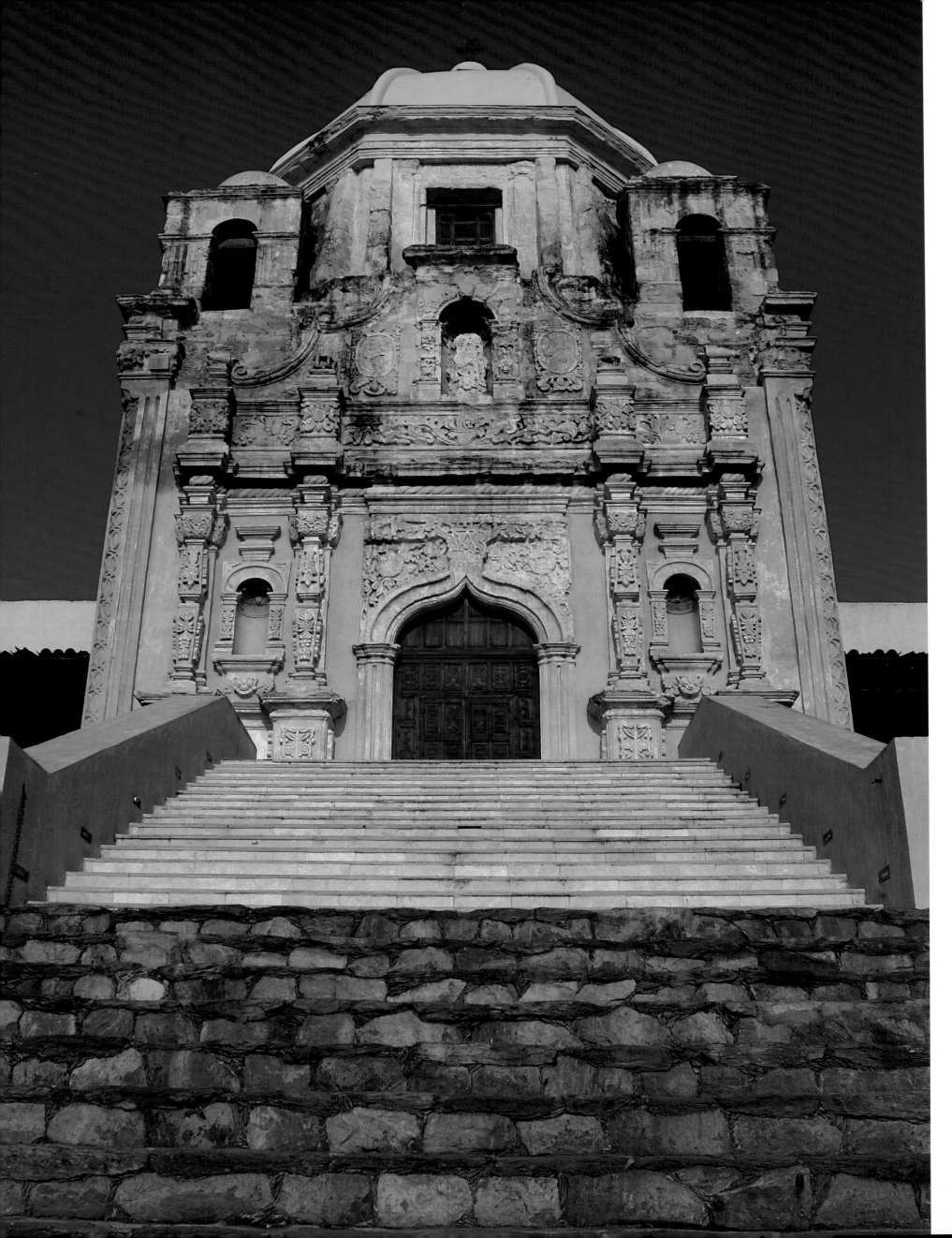

La Real Caja de San Luis Potosí fue creada en 1628 para colectar los tributos pertenecientes a la Corona, hecho de gran importancia en una ciudad de abolengo minero.

PÁG. 164
El Palacio Nacional es sede del Poder Ejecutivo, oficina del presidente y sitio de protocolo. Fue construido sobre la residencia del emperador Moctezuma y ha sufrido múltiples cambios a través de los años.

Palacio Municipal, Morelia, construido a finales del siglo XVIII para establecer la Oficina de la Renta del Tabaco, destaca por su patio octagonal barroco.

La Mansión Carvajal de Campeche tiene antecedentes en los comienzos del siglo XVIII, tuvo su máximo esplendor en el siglo XIX cuando el rico hacendado Fernando Carvajal la transformó en un sitio palaciego, con un patio central de arcos poli-lobulados de inspiración árabe.

PÁG. 168
La hacienda Katanchel en Yucatán fue creada en el siglo XVII, fue productora de henequén y actualmente ha sido rehabilitada como exclusivo hotel.

PÁG. 169
Xpeten fue una hacienda que a finales del siglo XIX vivió el auge de la industria henequenera yucateca.

La hacienda Santa Clara de Montefalco junto con la de Tenango y San Ignacio conformaron una de las unidades productivas más importantes de la región cañera de Morelos. Actualmente es sede de una organización religiosa.

PÁG. 171
La hacienda San Ignacio de Actopan fue un pequeño trapiche productor de azúcar desde el siglo XVIII. A finales del siglo XIX supo incorporarse a los beneficios de las innovaciones tecnológicas de la revolución industrial.

La hacienda del Muerto en el desierto de Nuevo León recuerda la hazaña de los colonizadores que hicieron producir cereales, caña de azúcar y explotar el ganado, optimizando la escasa lluvia con la sabiduría de los hombres del desierto y los conocimientos de alarifes herederos del saber árabe.

174

La hacienda de Yaxcopoil, en Yucatán, tiene antecedentes en el siglo XVII y fue uno de los más importantes emporios agrícolas y henequeneros de la península. Cuenta con un pequeño museo y llama la atención su edificio neoclásico que fue sala de máquinas y bodega.

Por múltiples atributos patrimoniales y por mérito de la población, encabezada por sus artistas, el centro histórico de Oaxaca hace honor a su reconocimiento como Patrimonio de la Humanidad.

PÁG. 177
Además del valor de sus murallas y fuertes, las casonas y palacetes de Campeche fueron elemento a considerar en su designación como Patrimonio de la Humanidad.

PÁG. 178
Tampico en el Golfo, junto con Nueva Orleans gustaron de un estilo de construcciones francocanadienses. La plaza Libertad del puerto conserva un conjunto representativo de dicho fenómeno.

PÁG. 179
A orillas del Papaloapan Tlacotalpan, Veracruz desarrolló un peculiar estilo de viviendas con arcadas y terrazas para evitar el calor y para socializar. Su buen estado de conservación y originalidad le valieron para ser reconocida como Patrimonio de la Humanidad.

Janitizio es una de las cinco islas del lago de Pátzcuaro, famosa por el monumento de José María Morelos que la corona y por las celebraciones de Noche de Muertos.

Pareciera que la isla de Mezcaltitán, en Nayarit, se diseñó para ser fotografiada desde el aire. Durante la temporada de lluvias sus calles se convierten en canales, siendo su principal arteria la avenida Venecia. Por la abundancia de garzas (Aztlán en náhuatl) y el trazo del poblado en una isla, sus habitantes afirman que de ahí salieron los aztecas para fundar México-Tenochtitlán.

EL HÁBITAT MEXICANO

PUEBLOS Y MEGALÓPOLIS

En el siglo XX la población y las poblaciones mexicanas experimentaron un crecimiento descomunal. La marginación y algunos intentos «modernizadores» en muchas ocasiones lesionaron obras de gran valor. Pero el siglo XX trajo también el inicio de regulaciones para proteger las herencias que son del género humano.

Desde ciudades que han sido inscritas en la lista del Patrimonio Mundial, hasta fenómenos como Los Ángeles, California, segunda ciudad en el mundo por el número de mexicanos, o la macrocefalia del Distrito Federal, forman el espectro de retos del hábitat de los mexicanos del siglo XXI.

La morada mexicana es tan variada como su geografía y culturas, van desde las casas solariegas veracruzanas con patio, fuente y corredores que recuerdan a Andalucía, hasta las trojes de madera, acordes a los bosques michoacanos, las sobrias casonas de altos techos que mitigan el calor del norte y desde luego los conjuntos habitacionales de carácter uniforme que proliferan por todos los rumbos del país.

La vivienda indígena de México es una muestra del conocimiento y dominio de materiales obsequiados por la naturaleza. Probablemente el siglo XXI será el último que vea estas construcciones que florecieron durante milenios.

Sería deseable una reflexión sobre las bondades que representaron, desde su significado cosmogónico hasta su incorporación armónica al paisaje, atributos térmicos, calidad de hogar y otras cuestiones que merecen ser consideradas.

Vivienda mixe-popoluca, Veracruz.

Vivienda zapoteca, Oaxaca

PÁG. 182
Viviendas en El Cielo, Costa de Chiapas.

Troje purépecha, Michoacán, combinación de silo y vivienda construida sin clavos. En este caso, una propuesta innovadora al modelo tradicional.

PÁG. 185-191
El uso desinhibido del color pareciera ser una necesidad mexicana. El uso temerario de combinaciones, contrastes y aun estridencias requiere de un sentido del color que tal vez sólo se adquiere cuando se nace rodeado de flores, cielos, aguas, tierras y animales que son depositarios de encendidos juegos cromáticos. Mi daltonismo se ve plenamente compensado por los inagotables estallidos de color de mi país.

PÁG. 192
Teozinte, el primer maíz a partir del cual los antiguos mexicanos desarrollaron, a través de los siglos, la mazorca que hoy conocemos.

AGRICULTURA:
LA MADRE TIERRA

La prodigiosa ecología mexicana se vio correspondida, desde tiempos ancestrales, por hombres y mujeres cuyo trabajo y devoción por su tierra hizo posible el surgimiento de refinadas civilizaciones. México ha sido uno de los siete centros clave del planeta en la generación de plantas de cultivo, novecientas de las más utilizadas en el planeta tienen como patria nuestro territorio. La capacidad biotecnológica del pueblo mexicano es sólo comparable a la de China o la India; por eso resultan paradójicas las crisis agrícolas soslayantes de tal sabiduría.

Al revisar las fotos de campesinos para incluir en esta obra, invariablemente me topé con miradas duras, heridas una y otra vez, hartas de abusos y desigualdades.

El motivo de tales miradas no fue mi cámara, ni mi persona; ojalá lo hubieran sido, porque la solución entonces sería sencilla e inmediata. Nunca he tenido problemas con las personas retratadas, por el contrario, después de mostrar la imagen franca e inmediata de la amargura, se sobreponen mostrándose como seres generosos que obsequian la delicia de la piña en el surco, el trago de agua, el taquito de frijoles y la broma necesaria para la siembra de nuevas amistades. Mi cámara ha sido el instrumento para aquilatar, respetar y querer a mi pueblo.

En los Altos de Chiapas, como en el resto del país, la vida de las comunidades depende, en gran parte, de la cosecha de maíz que propicie la lluvia de temporal.

PÁG. 194-195
Los llanos de Apan, entre Tlaxcala e Hidalgo, fueron grandes productores de pulque, ahora de cebada, avena y papa.

PÁG. 193
Cortador de caña veracruzano.

Joven tzotzil de Tenejapa, Chiapas.

Mujer maya de Yucatán desgranando sus mazorcas.

Cosechando cacao en Comalcalco, Tabasco.

PÁG. 199
Fruta de las huertas de Coatlán del Río, Morelos.

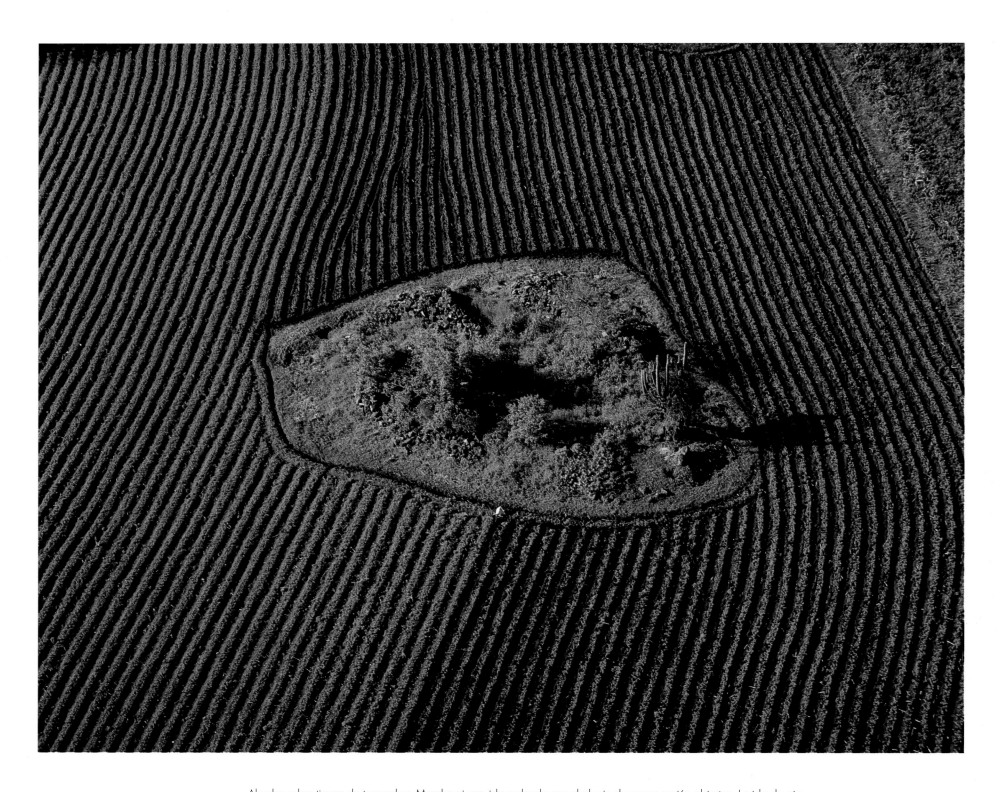

Al volar sobre tierras de tempral en Morelos vi una isla rodeada por el oleaje de surcos recién abiertos. La isla de piedras volcánicas y su cactus era la única parte que se resistió a la entrada de la yunta, sugiriendo una reminiscencia de aquel otro islote, también con un cactus, donde fue fundado México.

Al volar sobre tierras de riego en Nuevo León vi un transporte que recogía los frutos del cultivo. Uno de los agricultores levantó los brazos, saludando, y su sombra se convirtió en señal de triunfo.

Campesinos zapotecos oaxaqueños cuecen las piñas del agave, comenzando el esmerado proceso para la producción de mezcal.

Cultivo de tabaco en los Tuxtlas, Veracruz.

PÁG. 203
Por su producción de materia verde el cultivo de nopal es considerado uno de los más productivos del mundo. El noble cactus se cosecha todo el año, en suelos magros y con reducidas cantidades de agua. Los campesinos de Tlalnepantla, Morelos, lo empacan para mercados nacionales y extranjeros con sugerente plasticidad.

Camino a Anenecuilco, Morelos, los surcos de arroz se extienden por la tierra de Zapata.

PÁG. 205
Los acueductos levantados hace cuatro o cinco siglos siguen serpenteando entre los cañaverales morelenses que produjeron riqueza desde el virreinato hasta el incio del siglo XX.

Ancestralmente las culturas indígenas han resuelto sus necesidades comunitarias colectivamente. Entre las etnias oaxaqueñas ser convocado al *tequio* para arreglar un camino o levantar una escuela es un hecho solidario al que todos concurren, sin esperar remuneración alguna.

Manos de doña María, tejedora tzeltal de Tenejapa, en los Altos de Chiapas, Premio Nacional de las Artes.

PÁG. 208
Las cerezas de café han sido cosechadas por manos mexicanas y guatemaltecas en las fincas del Soconusco, Chiapas.

PÁG. 209
Manos femeninas purépechas, a orillas del lago de Zirahuén, en Michoacán, preparan como hace siglos las infaltables tortillas de toda comida mexicana.

PÁG. 210-211
En Chiapa de Corzo, manos jóvenes se preparan para palmear en su danza por antonomasia: Las Chiapanecas.

LOS MEXICANOS

Culturas primigenias

Las culturas mesoamericanas, además de ser una referencia histórica fundamental, son la raíz viva de México, donde actualmente se hablan cincuenta y seis lenguas y se conservan formas de organización, prácticas productivas, tradiciones, conocimientos, modos de ver la vida y expresiones artísticas que observan continuidad.

Durante siglos se ha impuesto un modelo sobre las culturas originales y no a partir de ellas, absurda renuncia a un rico bagaje y origen de la marginación que han padecido.

A pesar de lo anterior, la fortaleza cultural de la primera raíz se manifiesta vigorosamente en el ser y quehacer de los mexicanos. La más grande enseñanza que me ha dejado mi trabajo fotográfico ha sido el contacto y la convivencia con los pueblos indios de México. Tengo la fortuna de contar entre mis amigos y maestros a chinantecos, nahuas, mayas, purépechas y tzeltales que me han concedido su confianza e imbuido la humildad que me obliga ante ellos.

Nación mestiza

Una lúcida definición dice que identidad es lo que somos hoy, y México es un mosaico de plurali-

dad, de orígenes múltiples pero de afortunada unidad en la diversidad.

México es un imán de efectos permanentes. Quienes llegan de fuera se meten a mexicanos, se suman y crean nexos indisolubles; la espiral mexicana no permite recovecos, todo lo entremezcla en favor del cultivo mayor.

Es notable que en tan grande territorio y con grupos humanos tan diversos se haya logrado una sociedad heterogénea en su composición pero homogénea en sus lealtades. Ésa es la gran fuerza de México.

Octavio Paz trató de escrutar el ser mexicano con una visión lírica. Raúl Bejar ha analizado a los habitantes de este país con el método del científico social. Paz se metió en un laberinto por buscar una manera de ser. Bejar acertó al identificar múltiples maneras de ser lo mismo.

Al enfocar a México y a los mexicanos percibo que la inmensa mayoría compartimos elementos aglutinantes. Tenemos muchos problemas y defectos, pero es gran cualidad que chetumaleños, sonorenses, queretanos, nayaritas o morelenses vibremos con lo mismo: nunca se han generado enfrentamientos para quebrar la unidad. Espero que los políticos no malogren ese milagro.

PÁG. 212-214
Bailarinas morelenses. Seri de Sonora. Zapoteca de Oaxaca.

PÁG. 215
DE IZQUIERDA A DERECHA Y DE ARRIBA A ABAJO
Huichol, *Jalisco.* Mestizo, *Nuevo León.* Mestiza, *Jalisco.* Maya, *Yucatán.* Seri, *Sonora.* Mazateca, *Oaxaca.* Mestizos, *Nuevo León.* Tzeltal, *Chiapas.* Menonita, *Chihuahua.* Nahua, *Guerrero.* Tzotzil, *Chiapas.* Mestiza, *Veracruz.* Mestizos, *Chiapas.* Tarahumara, *Chihuahua.* Mestizo, *Zacatecas.*

«En lluvias surco y en secas fiesta», dicen los campesinos morelenses, sintetizando la humana costumbre de programar el trabajo y el rito conforme a los ciclos de la vida: siembra, nacimiento, cultivo, cosecha y muerte.

Las fiestas mexicanas son una intrincada combinación de danzas, representaciones, pirotecnia, mercado, juegos, música, comida, bebidas y ceremonias donde se entremezclan ritos incomprensibles al ajeno porque son fruto de complejos procesos culturales, donde se han erosionado las uniones y las separaciones, y porque son precisamente reductos donde se encuentran y toleran disimuladamente, sincréticamente, los valores que cada grupo ha incorporado; de ahí que se invoque a la tierra, a las antiguas deidades y al santoral católico en una mezcla donde no sorprende escuchar frases en latín, lenguas indígenas, español antiguo, y hasta algunas intromisiones de los medios de comunicación.

Por eso, a las fiestas patronales y de todo tipo hay que asistir sin pretender entender, sino sentir, que es más fácil e importante.

La muerte

Sorprende a muchos la manera en que los mexicanos actúan ante la muerte. Por ello se han intentado mil interpretaciones. Mi acercamiento fotográfico, además de mi natural pertenencia, me han permitido presenciar lo suficiente no para pretender conclusiones contundentes –porque no las hay–, pero sí para intentar algunas reflexiones.

Veo diferencia entre visualizar la muerte como parte natural de un ciclo, a la visión aterrorizadora, pútrida, que ofrecen, por ejemplo, algunas propuestas cinematográficas estadounidenses.

Los mexicanos sufren, como cualquier ser humano, la pérdida de un ser querido. Sin embargo, la certidumbre de su permanencia entre ellos mitiga y produce reacciones diferentes a la percepción de una pérdida, de una fractura insalvable y definitiva.

Quizá lo anterior explica, a nosotros, lo inexplicable para muchos: nuestra actitud ante la historia. Decía un historiador que Cuauhtemoc, Cortés, Zapata y Maximiliano siguen vivos para los mexicanos, por eso tomamos la historia como un hecho que no se pierde en el pasado; nos alegra, nos subleva o nos lastima como algo presente, circular, permanente.

Un grupo de totonacos designados por su pueblo levantan un altar; la más preciada ornamentación es la que se logra con los frutos del trabajo: en el lugar central las vainas de la vainilla, el cultivo que los identifica y el infaltable maíz que los mantiene.

PÁG. 216
A la algarabía del papel picado se agrega un símbolo de las fiestas decembrinas mexicanas: la piñata, alegría de los niños de Zacán, Michoacán, que participarán en la lluvia de frutas y dulces que contiene.

Familia huichola de Jalisco con la tabla ritual de su elaboración.

Rarámuris danzantes en la Semana Santa tarahumara en Norogachi, Chihuahua.

Conchero en Xochimilco, D.F. ofreciendo copal en una ceremonia de iniciación.

Danzante yaqui de venado en Sonora.

PÁG. 222-223
Procesión purépecha en Nuevo San Juan, Michoacán.

Papel picado (ahora de plástico) anunciando la fiesta en Contla, Tlaxcala.

Bailadores de danzón en el puerto de Veracruz.

PÁG. 224
Mujeres purépechas llevando a bendecir figuras de animalitos como petición de ganado en Zacán, Michoacán.

PÁG. 226-227
Antes de la siembra las comunidades nahuas de Acatlán y Zitlala, en la sierra de Guerrero, realizan ceremonias propiciatorias de la lluvia.

El jaguar es símbolo de fertilidad. A todo varón corresponde la calidad de guerrero y por ello su participación como caballero jaguar; unido a compañeros de barrio retará a gladiadores de barrios rivales.

A más sacrificio en las batallas, mayor es la esperanza de lluvia; del resto se ocuparán los hombres y mujeres en el arduo trabajo de los surcos.

El Día de Muertos en Ocotepec, Morelos, se ofrece copal y flores a los difuntos, las familias concurren y acicalan, aún más, las coloridas tumbas.

La música de banda acompaña un entierro en Tlayacapan, Morelos.

En Ocotepec, Morelos, se dedica a un infante fallecido su altar el Día de Muertos. En los altares se forma el cuerpo del fallecido con frutas y una calavera de azúcar, lo visten y lo rodean de sus alimentos y bebidas preferidas y, en este caso, de juguetes.

Músicos tzotziles de Chiapas llevan música a sus difuntos el Día de Muertos.

Mujeres tzeltales y tzotziles en el cementerio de Romerillo, Chiapas.

PÁG. 234
Una catrina engalana un balcón de la ciudad de Oaxaca el Día de Muertos.

PÁG. 235
Un parachico de Chiapa de Corzo, Chiapas, se prepara para su festividad.

PÁG. 236-237
Mural chicano en una calle de Los Ángeles, California.

En Ixtepec, Oaxaca, una mujer funge como mayordoma en la Vela de su pueblo.

PÁG. 238
Un niño de Huamantla, Tlaxcala, aprende con su abuelo la confección de alfombras de flores.

Bailadores mayas de Jarana en una vaquería de Yucatán.

Mariachis de Cuba, Japón, Francia, Ecuador y Estados Unidos en el Festival Internacional del Mariachi en Guadalajara.

PÁG. 240
Bailarines jarochos en Veracruz.

241

Jaripeo en el Campeonato Nacional Charro en Guadalajara, Jalisco.

PÁG. 244
Bailadores de Tequila, Jalisco.

PÁG. 245
Bailarines del Ballet Folclórico de México de Amalia Hernández.

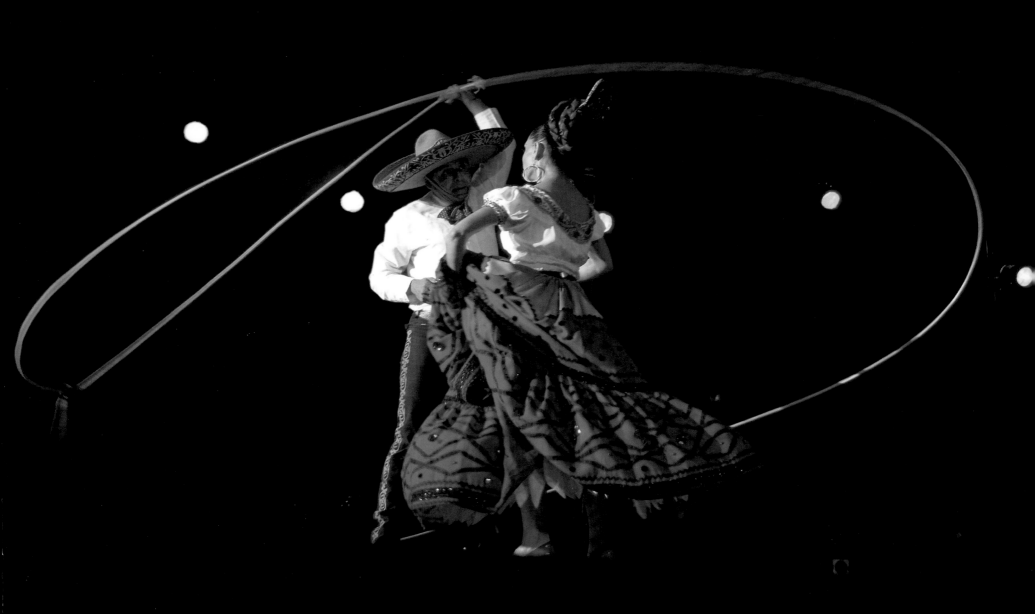

◼ EL TIEMPO
QUE ME TOCÓ CRUZAR

Nací en un país optimista (1943) que había ganado la paz apenas veintidós años antes. Vigoroso y con el entusiasmo de una revolución que había vuelto los ojos a los valores más preciados de la dignidad mexicana, plasmado esto en el cine que nos lanzaba al mundo, en sinfonías que recogían los aires populares, en la reivindicación del arte indígena, en una arquitectura con sello propio, en una vigorosa creación de infraestructura hidráulica, de comunicaciones, de hospitales, de escuelas y en un magisterio que ejercía una suerte de apostolado.

La educación se abría para todos, y así, junto con mis siete hermanos, tuvimos acceso a la universidad, que anteriormente sólo había visto el paso de uno de los nuestros.

El pueblo transformó a México en el siglo XX, intentando conjuntar el progreso con elementos de su identidad. México se hizo presente en el mundo con su política internacional y fue fraternalmente solidario con España y los países latinoamericanos.

Con el tiempo, la revolución se convirtió en letanía, que fue mutando en discursos cada día más leja-nos al interés colectivo. Los aciertos, los errores, las grandes causas, la corrupción y las ambiciones se entremezclaron suscitando las crisis que han asolado nuestro rumbo.

Sin embargo, son los valores culturales profundamente arraigados en el pueblo los que afloran en los momentos más graves, como las muestras de solidaridad en los terremotos de 1985, o emigrando para solventar su economía.

La fotografía que hago del pueblo al que pertenezco es estimulada y nutrida por la fortaleza de nuestra cultura, que reconozco lo mismo en el bordado de un huichol que en los afanes de nuestros jóvenes científicos.

A pesar de nuestros problemas, México reencontrará su rumbo por fidelidad a su pertenencia. Seremos un pueblo de futuro en la medida en que tengamos el pasado presente. Nuestro papel en el siglo XXI es aportar como seres universales con los pies y el corazón en esta tierra.

He intentado dejar constancia del tiempo por el que me tocó cruzar.

La Universidad de México con 269.000 estudiantes es la más antigua del continente (1551) y la más importante institución académica del país; realiza la mayor parte de la investigación científica de México en temas como sismicidad, ingeniería, biomedicina, geología, cibernética, antropología, biotecnología o espacio exterior.

Pág. 246
Durante el siglo xx, México construyó una de las infraestructuras hidráulicas más importantes del mundo. Domeñó el agua para beneficio agrícola y para generar electricidad, como en la presa de Malpaso en Chiapas.

El Colegio de México es una institución académica de primer orden. Fundada por republicanos españoles se consolidó como centro de excelencia de la investigación y enseñanza de las ciencias sociales.

El ITESM es una institución de educación superior fundada en 1943 por empresarios de Monterrey, encabezados por don Eugenio Garza Sada. El Tec, como es conocido coloquialmente, es reconocido por el alto nivel en la formación de cuadros empresariales en distintas ramas. Múltiples campus por toda la República son semilleros para las actividades productivas.

El muralismo fue uno de los más importantes movimientos artísticos de México en el siglo XX. José Clemente Orozco pintó en la ex capilla del Hospicio Cabañas de Guadalajara una de sus obras emblemáticas.

El campus Ciudad Universitaria de la Universidad de México tiene un extenso pedregal donde se levantó el Centro Cultural, del que forma parte el Espacio Escultórico, obra en comunión con el entorno volcánico de los notables escultores Helen Escobedo, Hersúa, Mathías Goeritz, Federico Silva, Manuel Felguerez y Sebastián.

Morelia es una ciudad virreinal, cuyo patrimonio de excepción ha sido reivindicado por sus habitantes con lealtad ejemplar. Luce al comienzo de este siglo de acuerdo a su dignidad y con proyección al futuro.

PÁG. 253
Zacatecas aprovechó su riqueza minera para crear monumentos admirables. A siglos de distancia son éstos la base de la vida de la ciudad y la mejor plataforma de su devenir.

PÁG. 254
El monocultivo del henquén significó para Mérida una era de jauja a finales del siglo XIX y comienzos del XX, reflejada en los palacetes afrancesados de la avenida Montejo, y una profunda crisis en el siglo XX. Ahora, abierta al turismo y a nuevas posibilidades, se perfila con renovado optmismo.

PÁG. 255
Monterrey es una de las tres ciudades más importantes de México, su jerarquía ha sido ganada con tesón y talento, superando la imagen gris de ciudad industrial, por la de una urbe moderna distinguida en la innovación tecnológica, la educación y la cultura.

Desde el siglo XVI la ciudad de México ha sido una de las más grandes del mundo. Sus problemas y potencialidades son también de considerables dimensiones.

PÁG. 257
Por su privilegiado clima y cualidades, Cuernavaca ha sido sitio preferido, desde la época prehispánica, virreinal, el segundo imperio, la etapa republicana y hasta nuestros días por los principales protagonistas de la vida política, cultural y económica de México.

PÁG. 258-259
Levantada sobre una región lacustre, la capital mexicana es uno de los conglomerados humanos más grandes del planeta. Sus habitantes crearon un entorno que parecía de ensueño, como dijeran los conquistadores y con retos y virajes tales que los poetas la han llamado lo mismo La Región más Transparente que Palinodia del Polvo.

PÁG. 260
En el comienzo del siglo XX se vivió en México el contradictorio clima de las carencias sociales y los anhelos de un segmento de la población, que buscaba emular a las grandes capitales europeas. El Centro Mercantil, posteriormente Gran Hotel de la Ciudad de México, es un recuerdo de tales momentos.

PÁG. 261
El Centro Internacional de Negocios de Monterrey (Cintermex) es un foro para mostrar los avances tecnológicos e industriales de México y el Mundo. Su moderna arquitectura cuenta con todo lo necesario para la realización de convenciones y exposiciones.

PÁG. 262
En la década de los ochenta, México creó astilleros en sus costas del Golfo y el Pacífico. Buques graneleros, atuneros y camaroneros fueron botados, al igual que grandes petroleros fabricados en el puerto de Veracruz.

PÁG. 263
La sonda de Campeche es un yacimiento petrolero de excepcionales magnitudes. Las plataformas y la infraestructura creada para su aprovechamiento es un esfuerzo de los técnicos mexicanos.

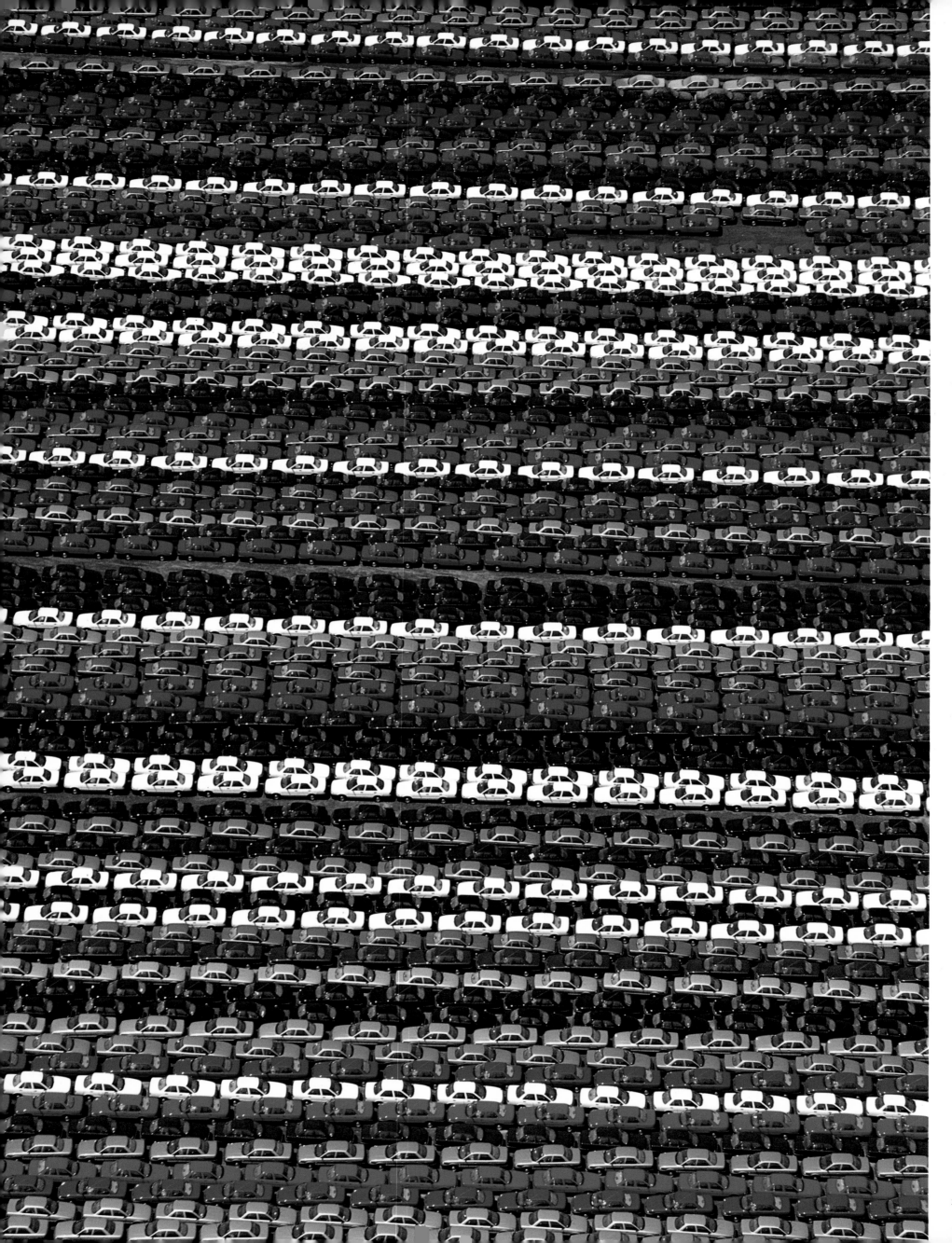

PÁG. 268-269
La dinámica de la ciudad de Monterrey transforma cotidianamente su perfil, desde conjuntos de nuevos rascacielos a la Macro Plaza, con su vanguardista faro del Comercio y la inefable presencia del cerro de la Silla.

PÁG. 264
Volaba sobre Jiutepec, Morelos, cuando vi uno de los patios de la empresa Nissan. El conjunto de autos nuevos me recordó la urdimbre de algún tejido chiapaneco u oaxaqueño extendido sobre el suelo.

PÁG. 265
La luz del ocaso ilumina el puente Coatzacoalcos 2 sobre el río del mismo nombre. Comunicar el sureste mexicano con el resto del país fue uno de los logros del siglo XX. El sureste productor de petróleo, hidroelectricidad, pesquerías y alimentos estaba aislado por las grandes extensiones de agua que caracterizan a su territorio.

PÁG. 266-267
Dos obras monumentales del escultor chihuahuense Sebastián ocupan lugares estratégicos: la primera reemplazando la escultura ecuestre virreinal, conocida como *El Caballito* en el paseo de la Reforma de la ciudad de México. La segunda como Puerta de Monterrey.

El edificio del primer ayuntamiento de la América continental distingue al bullanguero puerto de Veracruz, puerta de México y heroico defensor de la soberanía.

La marina de Puerto Vallarta es parte de la infraestructura turística de México en el Pacífico.

Quienes conocimos una isla desierta de playas blancas, entre el Caribe y una paradisíaca laguna, podemos dar testimonio de cómo el trabajo de los mexicanos del siglo XX creó, en unos cuantos años, una de las mecas del turismo mundial: Cancún.

Con sus gigantescos ventanales abiertos al mar desde el desierto, este hotel en Los Cabos, Baja California Sur, obra del arquitecto mexicano Javier Sordo Madaleno, rompe la rutina arquitectónica que con frecuencia repiten las cadenas hoteleras.

Bailarines de la Compañía de Danza Contemporánea de Morelos en el Jardín Borda de Cuernavaca.

Al fotografiar la zona arqueológica del Tajín encontré a una joven totonaca que trabajaba sobre el rostro de una figura de su propia cultura, elaborada hace 1.500 años. El cuadro me sugirió un espejo, un diálogo de identidad, entre una obra de arte del pasado y una joven que proyecta su cultura al futuro.

PÁG. 278
El Ballet Teatro del Espacio es una compañía de danza contemporánea creada por Michel Descombey y Gladiola Orozco. Superando múltiples viscisitudes han creado un estilo propio a través de coreografías, formación de bailarines y coreógrafos, difusión de la danza y labor entre los niños.

MEXICO
SEEN AND TRAVELLED

Adalberto Ríos Szalay

THE MEXICAN SPACE

JORGE ALBERTO LOZOYA

Adalberto Ríos, author of this wonderful book, and Juan Carlos Luna, its bold publisher, insisted that I should contribute a text to their joint endeavour. Since our three-way friendship dates back some considerable time and has sheltered us in major, thrilling battles, I could not help but comply with their wishes, even though I am far from Mexico.

Even so, living in Spain does not mean being away from Mexico; rather, it means living on the other side of the looking glass. Alice might have been an Iberoamerican in Madrid. We carry Wonderland inside us every time we cross the Atlantic from Latin America to discover on Hispanic territory inklings of the way we want to be, vague innuendoes some of which we identify with while others leave us perplexed.

Faced with the challenge of writing about Mexico from Spain, I felt obliged to place a certain distance in between, so I went to London. And there I proceeded to my lifetime refuge, the British Museum.

The British Museum is undergoing renewal. I know this because over ten years ago I was involved in creating its section devoted to the pre-Hispanic cultures of Mexico. Elegantly insipid lunches with the amiable members of the Council acted as the prelude to exquisitely polite negotiations that led me one morning, accompanied as on so many other occasions by Fernando Ondarza, to witness the symbolic moment when a team of highly skilled workers began to dismantle the imposing bookshelves in the shadow of which Karl Marx wrote *Das Kapital* to make room for the magnificent Mesoamerican collection this unique establishment now accommodates.

Returning to the present, the Museum continues to innovate. During my last lightning visit motivated by concern to write this text, I was delighted to contemplate, hanging from the lofty ceiling of one of the rooms, the splendid Apocalypse by Mexican artisans of the Linares family. With folksy humour the *ale-brijes*, grotesque papier mâché figures painted in the loudest possible colours, described the end of the world when death (*La Calaca*) will come mounted on an atom bomb. The elderly English, the most knowledgeable public in the entire world, and the motley crowd of foreign visitors speaking all the languages of the Tower of Babel, all agreed that this was a true picture of what our end will be.

The prophecy announced in the forms and colours of Mexico was still in my thoughts as I entered what had hitherto been the Royal Library, where an even greater surprise awaited me. On this occasion, true to the cheerful irreverence that the British have adopted as part of their national character, they had transformed the almost endless gallery into a genuine Ali Baba's cave. Instead of exhibiting the sterile nakedness typical of books that had been transferred from one residence to another, metre after metre of colossal shelves were replete with treasures from over there and further beyond that, thanks to the good offices of her Britannic Majesty, had found their place in the Museum's vast subterranean storerooms.

Through my child's eyes I saw the genie of the lamp granting the wish of the first collector of antiquities, in his zealous quest for accumulating beauty and history. Roman busts, Egyptian sarcophagi, Greek urns, Chinese porcelain, Indian textiles and astrolabes, all standing one after the other left and right. Needless to say, as this was London there was a plan, available to anyone who took the trouble to consult it, informed by sublime rigour to administrate that allegory of chaos which is artistic imagination converted into an imperial treasure.

I was absolutely fascinated, just as I had been when at the age of seven I first saw, in what was then the dust-ridden Museo Nacional de México, the monumental Aztec calendar, the awe-inspiring mother goddess Coatlicue and the indescribable Stone of Sacrifice from the Templo Mayor. I wandered through the gallery for a couple of hours, learning and admiring as I went. Until suddenly, at eye level, in the crammed display case before me, I stood face-to-face with a prodigious object from my own world: the obsidian mirror that after the conquest of Tenochtitlan in 1521 became part of the private treasures of John Dee, Elizabeth I of England's magus.

Some twenty centimetres in diameter, the black polished stone reflected my face, which appeared corpse-like in the half-light projected from a window somewhere in the distance. That was me in the Mirror of Death, booty with which the destruction of my city contributed to fill the coffers of the queen of pirates!

I felt then the excruciatingly painful presence of my matriarchal metropolis, although I do not know the extent to which the city is mine for my people came afterwards, and they were rough-hewn emigrants from the Basque Country. Even so, today it belongs to me just as it is, crumbling, grey and monstrous as described in the writings of José Emilio Pacheco when the poet exclaims that he would lay down his life for her. For her and for ten other places in Mexico, which he claims not to love, and for certain people, whom he does love, and for a number of ports, pine forests, fortresses, several historical figures, mountains and three or four rivers, as he tells us in his poem Alta traición (High Treason).

To raise one's voice in allusion to Mexican greatness is tantamount to cutting a slice from epic, to quote another of our great poets, Ramón López Velarde. 'Homeland: your surface is maize, your mines the palace of the King of Golden Coins and your sky, the gliding herons and the blinding green flash of parrots'. And further down in the text, he seems to whisper 'The Child Jesus wrote you a manger, and the devil the oil wells'.

To speak of Mexico is, from its origins, to break classical moulds. According to Alfonso Reyes this place, which we sometimes call Anáhuac, witnessed the birth in the sixteenth century of a new art of nature since it had to find room, among other wonders, for the maguey, which opens at ground level shooting its feather into the air, and for the discs of the nopal, a heraldic plant protected by thorns.

First water, because it is scarce in the north but causes disastrous floods in the green marshes of the south. There is also the vengeful water that until halfway through last century spied upon Tenochtitlan-Mexico from close quarters, plaguing the dreams of that people whom Reyes regarded as amusing and cruel, sweeping its blossoming stones clean and keeping a blue eye on its valiant towers, which dissuade even deadly earthquakes.

Then the jungle, which Reyes describes as an oven where energy seems to be created with unrestrained generosity. The cascades of greenery that fall over the mountain ramps; the deceitful shade of cyclopean trees that slumber and steal the force of thought (philosophy was born in other latitudes); the voluptuous torpor marked by the cacophonously rhythmic humming of insects.

And then the sea, the never-ending sea. Antonio Machado called Madrid the breakwater of all Spains. On the other side of the looking glass, Mexico is the breakwater of two oceans: 'the land is torn apart, the sky thunders, you smile like lead in the bowels'. Or as another poet, my dear friend Jorge Valdés Díaz-Vélez, wrote for this text: 'Mexico, a birth of foam and salt'.

There is the desert, which only fearful outsiders regard as empty, where the silence reigns that is reconciled with God's favour. Space, vastness perceived as infinite. To take in the distances of America is a laborious task for many Europeans. López Velarde once again: 'Gentle Motherland: your house is still so big that the train runs along its tracks like a Christmas plaything. And in the hubbub of stations, with your gaze of a crossbred, you place immensity on hearts'.

Immensity. Did you know that the distance between Tijuana and Cancún is more or less the same that separates Lisbon from Warsaw?

The central plateau. Endemic vegetation, organised landscape, atmospheres of extreme diaphanousness and that dazzling light that, as the humble evangelist friar Manuel de Navarrete exclaimed, 'makes the countenance of the heavens shine'. For this reason, on seeing it Cortés's men, all dust, sweat and iron, and even the American Aeneas himself, imagined they had reached the Arcadia of an aggrandised, spherical motherland, where houses and colours, being like those of Spain, were larger than life.

Such is the natural fabric from which Mexican civilisations were woven, those that for millennia succeeded and overlapped each other in a mythical space endowed with great, vital élan or *tonalli*. This space, together with China, India and Egypt, constitutes a vast reserve of hope for the future evolution of the consciousness of the human species.

A mythical space replete with sacred corners. Miguel León Portilla is the sage who has explored those of Tenochtitlan, thereby retrieving the potential of its legacy for us. For this reason he steadfastly asserts that before it actually came into being, the famous metropolis existed in primordial and divine time and space. In this he echoes Mircea Eliade when he tells us that if the gods created the world, it is man's task to constitute and extend sacred space.

The gods require the presence of man to play the eternal cosmic game, whose manifestations include ritual sacrifice and the observance of the mysteries. Huitzilopochtli and Coyolx-

auhqui continue to confront each other at the moment of the rite. The encounter between Quetzalcoatl and Christ the Redeemer still takes place. Hail Mary, you who like Coatlicue conceived unblemished! Who knows when Mexican mothers first climbed the hill of Tepeyac to commend their children to the holy protection of Tonatzin Guadalupe!

There are millions who believe and trust, their faith welling up from strata of igneous rock, thereby surpassing the dark lapses of profane time, time that turns man aside from what the gods announced. The night of time, says León Portilla, when sacred ceremonies and fiestas, which contribute so much to governing our lives, cease to be observed.

The gentle hand and quiet voice of the keeper distracts my attention from the obsidian mirror as he tells me that it is closing time. I leave the Museum to become enveloped by the starry, still spring-like twilight outside. I cross Great Russell St. and pause at the display window of the Arthur Probsthain Bookshop, which specialises in oriental subjects. I open the door and, before becoming happily immersed in the latest publications on China, I intuitively know what I shall say in my text for Juan Carlos and Adalberto.

ON WHAT I HAVE SEEN AND TRAVELLED

Adalberto Ríos Szalay

Thanks to my teaching activities at the Universidad Nacional Autónoma de México (UNAM) and my post at the Consejo Nacional para la Ciencia y la Tecnología, thirty-five years ago I began to travel Mexico. Fortunately for me, my itineraries took me not only to capitals and big cities but also small communities and settings such as the jungle, the desert and the reefs.

My travels were supplemented by encounters with and the guidance of some of the most brilliant Mexicans of the twentieth century in the fields of anthropology, biology, astronomy, geology, economy, journalism and the fine arts, such as Guillermo Bonfil, Arturo Gómez Pompa, Manuel Buendía, Emmanuel Méndez Palma, Juan José Arreola, Jorge Alberto Lozoya, Carlos Montemayor, Lourdes Arizpe, Miguel Álvarez del Toro, Rodolfo Morales and Eduardo Matos Moctezuma. These encounters on some occasions lasted only minutes, while on others they took the form of many privileged sessions that permitted me to glimpse unique qualities of Mexico and some of the country's ancestral problems.

This provided me with inestimable grounding for my subsequent encounters with peasant farmers, artisans, workers, fishermen, artists and researchers. Creators and builders of Mexico such as Elías Martínez, a Chinantec engineer at the service of Usila, his community, the home of the hummingbird; Pedro Linares, winner of the Premio Nacional de las Artes, whose papier mâché *alebrijes* (multicoloured monsters) have engendered their own mythology and watch over us from their rightful place at the Smithsonian Institute; Javier Lozoya, a scientist who researches into and systematises the medicinal properties of Mexican plants; Pedro Meza, the Tzeltal prime mover behind Sna Jolobil, the house of eight hundred Chiapas women weavers; and Federico Álvarez del Toro, who has transformed the sounds of the jungle into symphonies and exploited the howls of the *saraguato* monkeys to sound the alarm of their imminent destruction.

Intellectuals have given me information and lucid interpretations; and from humble Mexicans engaged in their everyday tasks I have learnt lessons of effort, creation and dignity. Both have allowed me to discover facets of Mexico that reflect both our peculiarities and our universal nature. Thus, unintentionally at first, I have spent thirty-five years of my life in the pursuit of two crucial Mexican characteristics — megabiodiversity and cultural plurality — qualities taken into account in our definition of nation and essential values of humanity that UNESCO works to foster and protect all over the world.

The privilege of being able to travel all over my country and discover these phenomena began to inspire and move me to such an extent that I felt I had to share them, to make my own contribution, as far as my abilities allowed me, to their exposure, recognition, preservation and development. And I found the ideal tool for this purpose: the camera.

My efforts, however, are merely nominal: I seek not to create or generate art but rather to reflect as best I can those aspects I regard as most worthy of note. Needless to say, I strive to do my work well, and when I achieve this goal the result may have certain artistic qualities. Even so, I must stress that technique and artistry must in this case be subordinated to the essential objective of exposing and disseminating values.

My work attempts to be an enumeration of aspects of our heritage that are fruit of the generosity of nature and of the sensitivity of exemplary individuals. Perversion and corruption occupy innumerable pages and an infinity of hours in the media. I detest the growing ignorance and crass stupidity that constitute an affront to spiritual values and a betrayal not only of our past but also, and worse still, of our future. My way of combating them is not by recording and divulging them, since there are many specialists in this field. On the contrary, my self-imposed task is to register their antithesis, the potential for good.

I am aware that some of the phenomena I have recorded have undergone changes, occasionally for the worse, and I refer not only to ancestral values — mine is not the voice of nostalgia — but also to efforts of innovation, of dignity and hope for the future, ranging from agricultural practices to scientific research. I am alarmed by the neglect of productive activities and the rise in speculation, by failure to value the role of public universities, by the proliferation of illegal activities and the growing cynicism that insults the memory of our ancestors. Hence my stubborn insistence on recording admirable events that in the majority of cases are either unrecognised or ignored.

My work is an account of what I have seen as I have travelled the roads and latitudes of a highly diversified country, a young country of ancient cultures, a rich country full of poor people, a generous, tolerant people open to innovation yet without sacrificing their essential identity, a people deeply rooted in their land, many of whom have had to leave to sustain it from abroad, a people with a refined sense of creation, from the most apparently insignificant details of everyday existence to the greatest biotechnological, artistic and soil management achievements. In their immense majority, good people who have suffered at the hands of a minority. A people richly endowed with virtues and qualities and yet the victims of inexplicable privations and misfortunes.

Travelling my country has afforded me the opportunity to experience the thrill of observing the second largest reef in the world, in the Mexican Caribbean, the arid desert of El Vizcaíno, one of the planet's highest, and the neo-volcanic axis that belongs to one of the world's most active seismic zones. It has also allowed me to contemplate at first hand how while half the territory suffers from the shortage of water, the other half suffers from its excess.

Mexico provides the habitat for the world's second largest number of mammals and the largest number of reptiles. It has 25,000 species of flowering plants and 48% of the planet's known pine species, and to this list I might add phenomena such as the birth of whales, the migration of monarch butterflies or the incubation of the world's greatest number of turtle species on Mexican beaches.

Mexico is one of the seven key centres of crop generation: 900 of those most exploited world-wide have their origins in Mexico and the agricultural skills of the Mexican people.

On a kind of isolated planet, with no connection with the outside world until the sixteenth century, Mesoamerican man invented agriculture, religion, architecture, mathematics and astronomy. And such was the vigour of his civilisations that their traces remain in the 33,000 hitherto registered archaeological sites.

Once contact had been made with the Iberian world, the Mexicans built 110,000 viceregal monuments, including 17,000 churches. The cultural vigour of Mexico was further enhanced through contact with Spaniards, Africans and Asians. The new Mexicans continued to cultivate their creative tradition, raising the Baroque to magnificent heights, introducing innovations into mining and creating a highly varied cuisine.

Mexico is a mosaic of deserts, evergreen high-mountain jungles, reefs, mangrove swamps, conifer forests, lowland deciduous forests, volcanic chains, plains and so on. And each of these privileged natural settings has witnessed the development of civilisations founded on the knowledge, love and rational exploitation of its resources. Added to this is the virtue of their survival through history, a quality shared only by cultural powers such as China and India. In today's Mexico, fifty-six indigenous languages are spoken apart from Spanish.

I have had the good fortune to be able to travel and work from peninsula to peninsula and from the lowlands to the high plateau, from Ensenada in the extreme north of Lower California to Xcalac in the remotest corner of the Caribbean, from the foothills of El Tacaná in El Soconusco to the confines of Tamaulipec. I have travelled on foot, on horseback, by car, in light aeroplanes and in launches to make both astonishing and gratifying discoveries.

My eyes have taken in the Sephardi north, with its tall, industrious and apparently uncultured people of wheat and beer; the short Mayans, gentle astute giants and troubadours; the Afro-Mexicans of the coast, linked to the sea, copra and *son*; the inhabitants of the Gulf, the *Jarochos*, skilled farmers and stock breeders, the most genial of all, much like the Andalusians with their talent for music and improvisation; and the taciturn inhabitants of the high plateau, skilled workers and builders since time immemorial.

What I must stress here, though without exaggeration, is the fact that diversity, in our case, has never been the cause of confrontation (we have many problems, but not this one). A set of linking elements has blessed us with unity in diversity. Pigmentation and characters vary, but they are unified by elements, both tangible and intangible, of unquestionable vigour such as maize, the Spanish language, the name Mexico and the Virgin of Guadalupe, whose significance goes far beyond the bounds of religion.

It has been said that we Mexicans are fascinated by the past; indeed, experiments conducted on Mexican children have shown that when invited to imagine that it is possible to travel through time, unlike children elsewhere in the world who see themselves taking part in space adventures, ours prefer to go back to the Mexican past. A superficial diagnosis might suggest that this is a regressive phenomenon, but I have learnt that, on the contrary, it denotes the consummate vocation to explore on the part of a people of the future, thanks to their present past, to their legacy of dignity and wisdom, an exceptional grounding from which to project themselves with all the qualities and attributes cultivated through ages of creative labour, borrowings and processes of transculturalisation.

I live the present and celebrate the sum of the legacies I have inherited, technological development that allows me to exploit digital opportunities, electronic communication and air travel. Nevertheless, urban phenomena, fashions and globalisation do not constitute my principal stimulus. The present, as the work of generations, made with our participation, complicity or absence, is something that will be judged by our successors.

I abjure globalisation as a phenomenon of consumerism and world banking, something far removed from the most sublime social and cultural values; on the other hand, I contribute to, enjoy and extol those actions of universalisation that unite us: fulfilment of responsibility and the quest for knowledge and criteria that will constitute the foundation stone of a more equitable future for everyone.

I strive to place limits on my work: it is neither a monograph, nor a compendium, nor even less an encyclopaedia. I do not attempt to encompass everything, because my work is my own view, the direction in which I have fixed my gaze, guided by my interests, desires, beliefs, worries and thoughts, all enriched by the fortuitous, which also fosters accents and discoveries.

Despite my apprehensions and warnings, I know that many will say 'you left out this or that'. And they are right, because fortunately for us Mexico is inexhaustible by virtue not only of its dimensions but also of its dynamics. I have merely sketched out a few of its elements. There is ample scope for many more and far better studies. What I have set out to achieve is an account in the style of the old travellers and explorers of the sixteenth century, who after many adventures submitted, like the *Rudo Ensayo de Sonora*, *Crónicas de lo Visto y Andado*.

It is my encounter with the nature of Mexico and the nature of the Mexicans that inspired and moved me and mapped out the path I was to follow. My wish is that all the inhabitants of this land should travel and come to know their country, for by doing so they will discover virtues, nourish their spirit and generate roads into the future.

Nineteen years ago, against the mountainous setting that encompasses the Valle de México, I was recording the words of and photographing a wise Nahua peasant in Milpa Alta when a young man passed by and asked me what the point was of taking so many photographs. I replied, in astonishment, that perhaps there was no point at all...

As I was leaving, the old Tlamatini caught up with me and reprehended me, saying 'you must always leave a record of the time you cross'. Then he walked away. I never saw him again but I shall never forget that he suggested I christen my vehicle 'Ce Octli', which in Nahuatl means 'our road' and also the Milky Way. It is therefore to him and my people that I dedicate this record of the time it has been our destiny to cross in the hope that a new era is approaching, an era he envisaged and advocated, in which relations between the people on this earth will observe the same harmony as the stars in the universe.

Cuauhnáhuac, autumn 2003
Tarragona, summer 2004

289

RESPECT THE SIGNS

A message is repeated with ominous emphasis on all Mexican highways: in white letters on a green background we read 'Respect the Signs', an order from that invisible demiurge who watches over us as we travel the two million square kilometres that lie south of the Río Bravo. Other commands and countermands complete the limited catechism of our road safety, but none such as this would have delighted André Breton, who discovered Mexico through the looking glass, or Lewis Carrol, who unwittingly wrote it.

It is certainly an astonishing paradox that a sign should order or at least urge us to respect the signs. But even more astonishing is the fact that in Mexico this astonishes nobody. On the contrary, it strikes us as perfectly natural that an authority, either remote or not entirely sure of itself, should express its insecurity by authoritatively demanding that we respect authority. Thanks to our readiness in Mexico to pay heed to absurdity, opposites are not only everyday but also absolutely reconcilable phenomena. Perhaps, in the best of cases, a foreign motorist would ignore a sign of this kind, since in general those from abroad tend to respect the laws of those whose country they are visiting, and therefore need no reminder of their duty to do so. We Mexicans, on the other hand, observe the sign, take in its message and, like knights errant, ponder over which of two options to choose: either we drastically reduce speed so as not to be crushed under the invisible though ubiquitous foot of power, or we accelerate until the speedometer almost bursts out of the dashboard to show that this is my home, my country, and I'm the only one in charge here, dammit! In neither case would the Mexican pause to think that such a sign has no right to exist in what we have been taught to regard as civilisation.

For the fact — and I must stress this — is that paradox, irony and the perfect or imperfect fusion of opposites are absolutely everyday phenomena in a country such as this one, where on occasions even the Lenten takes on aspects of the carnivalesque.

But let nobody interpret the above as a reproach against those of us who have chosen or have no alternative except to live in the land of paradoxical wonders. Exactly four hundred years ago, a Spanish tax collector came to the conclusion that our living in a world where everything is back-to-front makes us no worse or better than those who inhabit a world in which things can be done only in one particular way. The disastrous feats of Don Quijote de la Mancha, which belong as much to us as to everyone, are in essence the epic of failure of the equivocal in a time and world in which the throne and the altar sought to imbue mankind with the conviction that everything is immovable, an empire of the univocal that denied the essential diversity of human nature. The trauma caused by the dissolution of a given empire is invariably directly proportional to its refusal to recognise its own heterogeneity. Cultures prevail over empires and even over nations because they are founded unconsciously and spontaneously on the diverse. Refusal to accept change, difference and contradiction will kill not only the unhinged knight errant but also Alonso Quijano, the Good.

Neither is it my wish that the reader should interpret my exposé of our thoroughly innate paradoxical character as a revelation. The arts and letters of twentieth-century Mexico abound, fortunately, in writers, painters and sculptors who managed to discover, just at the right time, this terra firma of pain, happiness and festive uncertainty that embodies the swing between the transitory and the permanent, civilisation and barbarity, life and death. Alfonso Reyes touched the raw nerve of the demagogical, intransigent, indigenous revolutionary cause when he showed that there is no localism without universalism; Octavio Paz substantiated that our many masks conceal not only metamorphoses of which we feel ashamed but also binomials of which we should feel proud; Juan Rulfo compiled the glossary of phrases and terms thanks to which we were at last able to name our ancestral transit through the interregnum of life and death; Carlos Fuentes led us to unearth the mirror of Spain to discover that our paradoxical nature is also a legacy from the Other Side. The list of enlightening names might be extended not only in the sphere of our letters but also in all the areas of art and thought that have discovered for us and for others the need to accept the antinomies of the Mexican in order eventually to understand and renovate it without destroying it.

The arduous adventure of understanding men and peoples is undoubtedly plagued with what Borges described as false problems, that is, apparent conflicts that not only favour solutions that are also false but also posing them as problems might become an insidious practice. To speak, for example, of the *problem* of the Mexican's contradictions is to attribute a negative character to these contradictions, which they may not necessarily have. When we strive in vain to find solutions to our apparent two-faced identity, what we achieve in the long run is that the false problem becomes a real problem. To deny ourselves the right of having been many things in different eras, or even simultaneously, is to condemn us to a strange Dantesque circle in which the interpreters of our national character are eternally sentenced to pointlessly seeking its reflection in the waters of an endlessly flowing river.

Once we discard the problematic or negative character of our contradictions, they become easier to assimilate. In this context, if merely practical motives were to prompt me to select the most significant from among the numerous ironies, paradoxes, metamorphoses and contradictions of this infinite country, I might opt for the one concerning the way we relate to time, that is, for the fusion in Mexico between transition and permanence. It strikes me that this uncomfortable marriage between the mutable and the lasting not only explains our paradoxical sense of history and even a number of major traits of our re-

invention of the Castilian language, but also embraces a host of other antinomies of 'Mexicanism' that seem at first sight to be alien to time: civilisation and barbarity; docility and temerity; rootedness and uprootedness, silence and deafening noise, fiesta and mourning. While it is true that the turbulent current of time razes everything to the ground, it is precisely its devastating sense of justice towards men and things — justice that is invariably one and the same — that makes a constant out of mutability.

I have often found myself in the embarrassing situation in which I attempt to explain to a foreigner the exact meaning of *ahorita*, that slippery time adverb that for unfathomable reasons we Mexicans invented. Unable to admit defeat in the face of the mystery, I have proffered a prodigious number of examples, become lost in intricate syntactic labyrinths and scoured other languages for equivalents as forced as the Scottish *wee bit*, the German *jetzen* and the Italian *atimo*. All in vain. It is impossible to convincingly explain the Mexican *ahorita* to a foreigner for two reasons: firstly, because its function lies precisely in accentuating the vagueness and relativity of time; and secondly because *ahorita* may only be intuitively perceived, rather than understood, in terms of the Mexican way of conceiving time.

What is time like? What is it? Where does it come from? What exactly does it describe? Time in Mexico is the same time we find in its antipodes; the difference lies in the conception we have of it, the source of which, in the long run, is radical faith in the illusion that we may control it.

If it is in itself disconcerting that we should submit an adverb to the transforming or apparently reducing force of the diminutive, it is even more disconcerting when this diminutive is the Mexican diminutive. I have devoted several years of my life to compiling possible explanations for the obsession we share with much of Latin America with applying the Castilian diminutive to everything that crosses our path: from the *padresito* to the *virgensita* via the problematic *ahorita* and an infinite number of objects, animals, activities and people, all suspiciously diminishing. The entire world seems to have been created in inexact proportion just to allow a Mexican, a Peruvian or an Argentine to correct the divine plan by reducing everything to its minimal possible expression. Why do we do this? Do we seek dialectically to minimise the world so that by contrast we might appear gigantic? Or could it be that our Lilliputian soul, made diminutive by the current of history, needs the world to be small so that we may inhabit it without feeling overwhelmed by its greatness?

Some of the explanations for this obsession with diminutives I have collated from my fellow Mexicans strike me as no less bizarre. There are those who contend that our Castilian took this custom from the Nahuatl, which uses the diminutive as an unequivocal sign of respect, while others assure me that the language and manners of the Spanish conquerors were so harsh for the sly, sing-song speaker of Nahuatl that the latter decided to indiscriminately hand out diminutives to soften, if not their manners, at least the sonority of Castilian speakers.

When all is said and done, whatever the correct explanation for our use of the diminutive may be, the fact is that all these hypotheses are charged with cultural or identity binomials that are far from antithetic: courtesy in the face of rudeness; timidity in the face of might; fear in the face of threat. Could it be that time also overwhelms or threatens us? Could it be that we convert *ahora* (now) into *ahorita* in order not to confront the ill-natured personality of the present?

Needless to say, diminutives did nothing to change either the fate of the Aztecs or the manners of those who conquered them. Similarly, *ahora* does not cease to exist because we have reduced it to *ahorita*. Nonetheless, we believe it is so, that the present — with its demands and challenges — may become something insignificant when we lessen it through language. With the diminutive, *ahora* is relegated to the terrain of ambiguity, of non-time, to that virtual no-man's-land where time does not pass and where, for the same reason, nothing really happens.

Our compulsion to control time by delusively holding it back, negating it or reducing it through language has led us to constructing an absolute virtual of History with an endless number of histories with a small 'h': tales, anecdotes, half truths, apparently epic feats that nonetheless straddle the tragic and the comic, chronicles that only just fit into the natural order of things and end up becoming curious anachronisms that both deny and emphasise our contribution to the evolution of mankind.

It is no secret that the Mexican people are the offspring of a violent clash between civilisations, the side effects of which determined our here and now. For centuries we have refused to admit that the violence of the birth of a culture — a historical constant in all those parts of the world where cultures exist — by no means prevents that culture from becoming great. In the same way that denying the passage of time serves only to confirm its permanence, the denial of a painful change implies the persistence of the pain.

People of a land of masks, a nation masked by itself, we Mexicans play a part in the great theatre of the world convinced that the face that centuries ago the West imposed on or proposed for us is enough to persuade the concert of nations that we have no problems here, none at all, everything is under control, gentlemen, but please give us a little time and we'll show you that we are just like you. Deep down, however, we know that we are necessarily different and that we need to be in order to subsist. We know that it is indispensable that we should continue to be different; we understand that, in actual fact, all kinds of things happen here and that the mask certainly conceals, although it also transforms what it conceals and sooner or later it will inevitably be revealed. While the mask remains in place, what is masked will change by virtue of the mere fact that it is invisible to the rest.

The two centuries during which we have lived behind not one but many interchangeable masks in order to belong to enlightened Western culture have led to appearance's becoming an unquestionable part of our essence. Consequently, to deny Castilian or the Christian ethics and rites as constituent elements of our culture would be as absurd as closing our eyes not only to our indigenous past but also to the Jewish, Arabian or African components that also form part of and shape the Mexican tapestry. To deny humanism as the foundation stone of the most prized values of our national identity would be as inane as attempting to impose the political and social mechanisms that governed the court of Moctezuma. To categorically deny our heterogeneity would be as paralysing an endeavour as to believe that there is only one way to be Mexican, French or Spanish.

And yet we deny. And we do so in such a peculiar way that the sharp contrasts in the mosaic we neither see nor show eventually come to constitute the mosaic itself. We promulgate a martyrology of the last indigenous heroes, yet we continue to martyrise our indigenous peoples; we demonise the Spanish conquistador but we speak his language, live in accordance with the laws he imposed and have adopted his rites; as children we learn to sing belligerent songs, but we presume to conduct presumably conciliatory foreign policies; we extol the Revolution but we resist change; we are imbued with the spirit of solidarity from the cradle but only as individuals do we shine in the arts, sports or thought; we laugh at the macabre practical joke death plays on us, yet we certainly fear it, or perhaps it is precisely because we fear it that we prefer to celebrate it.

This is certainly not a treatise on cultural ethics. Nothing could be further from my intentions or my bent than to censure or feel ashamed of our contradictory demeanour. The goodness or evilness of the spirit of a people is invariably gauged by the dubious measure that others apply. In the same way that it is purely arbitrary to judge the Spanish people for the execution of King Cuauhtémoc or the Jews for the slaying of Jesus, it would be prejudicial and puerile to condemn Mexicans for the errors they have committed and continue to commit due to their historical and atavistic inability to face their paradoxes, ironies and contradictions. Such assessments are as unacceptable as those of people who have attempted to explain this carnival from outside from the blind and apparently benevolent viewpoint that measures the universal rarity of nations with the unidirectional thermometer of what in their own culture is regarded as acceptable or normal. Zoological visions of the Mexican per-

sonality, the paternalist celebration of our exoticism and the coining of that aberrant term that has defined our art and our condition as magic realism are no more than the product of a dramatic lack of will from both outside and in to acknowledge that we Mexicans can and must define our paradoxes without this necessarily becoming transfigured into an unacceptable oxymoron.

If the world, and even we Mexicans, have accepted André Breton's enthusiastic dictum according to which Mexico is the most surrealist of countries, this is on the understanding that his interpretation is based on something as universal as dreams. The inclusion of this country at the head of an oneiric catalogue that excludes no other culture illuminates rather than obscures the spontaneous though sporadic tendency of Mexicans to live on the fringe of the precepts of Aristotelian logic, which governs both East and West. The belief, on the other hand, that the reality of a given country is magic may be accepted only with the reservations demanded by the subjectivity of what each culture regards as magic. Ultimately, magic has controllable mechanisms that the dream lacks. In dreams, all appearance may be essence and every contradiction may be acceptable. In dreams all clockwork is uncertain, above all that related to time; in dreams, as in wakefulness, as here, the fleeting remains, there everything also flows because everything occurs.

MISSION TO MARS

I have dreamed of a legion of men and women who land on a huge planet armed with a prodigious instrument that allows them to create the illusion that it is possible to contain the uncontainable. I have seen them gaze, move, anchor their tripods in the ground as a mountaineer would fix his ice axe into the rock to counteract gravity or vertigo. I have heard once, ten a hundred times the subtle detonation of the artefact that will eventually freeze light, although it will never actually freeze time. And I have seen them smile in secret, like the conjurer who never intends to reveal how he managed to pull a rabbit out of his top hat. When they have completed their mission, they will erect on the mutant surface of that planet an altar to their thundering god, Xenon of Alexandria, who fooled us all with the paradox of Achilles and the Tortoise.

Logic tells us that the fastest man in Athens would inevitably catch up with the tortoise because movement cannot actually be broken up into instants: Achilles moves not in the distance that separates him from the tortoise but in time, which consists of indivisible, accumulable, unsustainable moments. But Xenon and his devoted voyagers of my dream, those conjurors who inwardly have no alternative but to accept logic, play at believing that time, like space, may by broken up. Of course, it is possible to stop time neither on Earth nor on my imaginary planet, but thanks to game and illusion at least it seems possible. Thanks to the willingness of spectators to share that illusion, that delectable *as if*, the will to believe in the unbelievable an atmosphere becomes more breathable that, otherwise, would poison both the inhabitants of my imaginary planet and the host of mechanical Cyclopes that have landed there riding the aerolite of what I believed was a dream.

But dream, like death, does not negate but complements existence. It might be for this reason that I have imagined all this to finally discover that this planet exists and that those Xenon-worshipping Cyclopes have a name. High-sounding names so diverse that their very register seems to betray the Quixotesque nature of their long heroic attempts to detain time: Francisco Casasola, Manuel Álvarez Bravo, Tina Modotti, Juan Rulfo, Gabriel Figueroa, Graciela Iturbide, men and women from three centuries who nevertheless were contemporaries in the twentieth and travelled as one to the most paradoxical of planets that destiny allowed them to discover.

The cities, mountains, seas, fiestas, people and beasts of Mexico have been meticulously frozen by these and a host of other photographers in the most ardent lapse of our history. The turbulent Mexican Revolution was detained for seconds in the timeless face of its many dead; Agrarian Reform revealed its failure and paralysis in the eternal images of the Mexican farm labourer who preserves his melancholy thoroughly indifferent to the fact that his farming implements have become transformed

into tractors; the prostitutes of the Costa Negra, in Guerrero, relate in photographs the same story that their grandmothers told in the brothels of Porfirio Díaz's highly urbanised Mexico. The city itself, voracious and made colossal by its daily influx of five-hundred immigrants, falls to its knees when faced with the paralysing force of the camera and begs us, at least in our imagination, to believe that its growth may be halted and that, perhaps, when looking at a photograph the traveller might deceive himself into believing that we are still the air's most transparent region, the Ciudad de los Palacios, the heart yet to be ripped out of the ephemeral Aztec empire.

However, the numerous photographers who were born in these lands and those from elsewhere who have travelled them have not always been aware that the subjects and objects of their paralysing exploits are beings in visible movement who only before the camera enjoy the fleeting consolation of immobility, rather like the drop of water that the rich man begs from poor Lazarus when he descends at last to hell. The long list of Mexican photographers and photographers of the Mexican have created a host of images of what our senses — either physical or historical — perceive as permanent, immutable and eternal: the craggy relief of our many mountain ranges, the apparently halted flow of our rivers, the silent stones that left us millennial cultures that no longer survive, the dunes of the desert, the fiestas and masks that seem to have remained unchanged since time immemorial, the ancestral lethargy of the iguana, and the sky, always the sky, so still that even the clouds seem fast as they sail over its phlegmatic blue.

If the vertigo of time strikes us as disconcertingly slow thanks to photography, the immobilisation of what in itself seems to be immobile and immutable acquires its genuine speed when its mask is removed by the new mask of photography: the snow-capped peak of Popocatepetl erupts in a second thanks to two photographs taken in different decades though seen simultaneously. A photograph taken today from the same angle of Paseo de la Reforma as Casasola took it almost one century ago reveals like a whiplash of light the fearsome transformation of Ciudad de los Palacios into the largest metropolis of the twenty-first century. A watch on the wrist of a masked Indian accentuates the paradoxes of civilisation in the same way that a wooden rifle does in the hand of a dead Zapatista guerrilla fighter.

As individual acts or independent objects, photographs certainly detain time, but their integration and comparison may also accelerate it, above all when, as in the case of Mexico, they fix the transitory nature of the landscape and of people who permanently reject change so doggedly that such rejection is in itself an exaltation of the never-ending metamorphosis of our culture.

Few cultures and few countries like Mexico have given the world so many renowned photographers. A culture that boasts of its millennial roots and a country still defined in terms of underdevelopment have nonetheless chosen to define themselves through one of the youngest and most complex of the arts. Astride our time-honoured passion for the contradictory, we Mexicans have discovered perhaps in photography the synthesis not only of the transitory and the permanent but also of civilisation and barbarism, modernity and the past, the heterogeneous and the homogeneous, and the need to accept the present and the tendency to plunge ourselves in history, the remoter the better.

In the same way that the Germanic peoples have found in letters the ideal support and outlet for their natural introspection, and just as the Italians have turned to opera to express their baroque nature and love of melodrama, so we Mexicans have found in photography the perfect vehicle to show without showing ourselves, to see without being seen, to move without being devoured by the speed of our constant mutations.

Of course, in this case, too, the exceptional abundance of great Mexican names in the universal catalogue of photography is merely the consequence and reflection of the overall eagerness on the part of Mexicans to express ourselves through

photography. In Mexico photography and the camera are an activity and an object equally everyday and indispensable: from so-called traditional photography of public parks to the incorporation of photography into altars of the dead; from the proliferation of photographic images in the votive offerings of syncretic Mexican Catholicism to the great exhibitions of Mexican photography in London, Paris and New York; from the obsessive photographic activity of our tourists to the transformation of Mexico into a source of images for foreigners devoted either as professionals or as amateurs to photography, this country and this tireless artistic activity seem to be joined in a happy marriage thanks to image.

The more sceptical sociologists would say to all this that Mexicans' enthusiasm for photography by no means explains the greatness and variety of those who, from Mexico, have produced works of photographic art. They would say that, if this equation is indeed correct, the Japanese, too, should have engendered an exceptional roll of masters of photography. The objection strikes me as valid, my only qualification of it being that Mexicans, unlike the Orientals, conceive photography not so much as a record of the present as a Faustian or pseudo-magic activity whose purpose is to negate the present by bringing it illusorily to a standstill. The Mexican does not appropriate the world by photographing it: he shakes it off. The Mexican believes in photography not as a prolongation of life but rather as an unequivocal sign that life is elsewhere.

Hence, perhaps, the fact that Mexican cinema, whose origins are also to be found in photography, drops dramatically in worth when compared with the international prestige of Mexican photographers. While photography creates an illusion of paralysis, the cinema creates an illusion of movement. While cinema offers illusion under the guise of truth, photography offers truth under the vague guise of illusion. By stringing static images one after another so that they appear to move, the cinema imitates reality. Photography, on the other hand, by paralysing what eternally changes, adjusts reality to impression and issues a verdict as absurd as it is forceful: *ahora* barely deserves to exist in the presence of *ahorita*, the present is as fragile as a sheet of paper stained with light and shade.

Finally, I should like to contend that this entire paralysing illusion, this everyday exercise of holding back the unsustainable on the planet of paradoxes, explains the enigmatic longevity of Mexican photographers. Centenarians or almost, the great names of our long photographic tradition are so jovially old that one cannot help suspecting the true scope and legitimate origin of their magic charm.

Anyone with half a brain understands the mechanism that gives birth to a photographic print, although nobody will never manage to convincingly explain the effect of immortality and absolute permanence this print conveys. When all is said and done, the camera, in the face of all evidence and despite all attempts at unmasking, preserves its nature as a magic object. Like the sword of Prince Valiant or Mambrino's helmet, like the Golden Fleece and the talking head of San Gregorio Magno, the camera of Mexican photographers displays its character of identifying element of the predestined hero, a hero who nevertheless may only be Faustian: to transgress the divine law of the inevitable passage of time, the photographer has no option but to make a pact with the Lord of Appearances, the only one who actually has the power bestowed upon him by God to relativise absolute laws, although only in a provisional, deceitful and illusory way.

Beyond reality, beyond life and the world, Faustus must pay with his soul the limited power that Mephistopheles grants him to hold back time, preserve his youth and thereby win the love of Margaret. With each exhibition, the photographer also sells part of his soul to the Great Deceiver in exchange for detaining the passage of time. Even so, the photographer knows that time will continue to pass beyond the margins of his photograph, even when this photograph has disappeared from the face of the earth. Thus aware of the limits of the illusion he creates, the photographer delays his own death and that of the subject he has photographed, of that which he has detained in

the knowledge that, sooner or later, the divine, implacable law of change will ultimately prevail over his fragile, beautiful and sinister illusion of permanence.

The Age of Vertigo

The images that comprise this infinite book were taken through Adalberto Ríos's viewfinder in the space of what I dare define as a period of just over thirty years. This is not only as long as I have known him but also much of my own lifetime. But they are not only the years I have lived but also those that have ironically and vertiginously determined the Mexico of today. Its people, animals, rivers and volcanoes are undoubtedly the same as ever, except that they are undoubtedly different because those of us who contemplate them now understand better than any of our ancestors that transformation of the permanent is possible, painfully possible, necessarily painful.

I suppose it is equally natural and illusory to believe that the present began with us. Our consciousness determines the speed and the beginning and end of our short lives on this earth. Only an act of faith allows us to accept that history existed before our own. I believe, nonetheless, that those of us who were born in Mexico in 1968 enjoy the unique right to regard ourselves as members of a pragmatic generation who began by witnessing the paralysis and ended up being the principal executors of the metamorphosis of this country.

The above statement is neither boastful nor a claim to heroism, for this fact has depended not on any of us but rather on the history of the country and of the world into which we were thrown unasked. I make this statement almost as the observation of a curious coincidence or as a chain of coincidences to which, on the other hand, we are not alien, nor can we be when we cease to be the effect to become the cause of our national condition.

In the vast pandemonium of ideas and events that have been liberally granted both to this book and this generation, I intuitively perceive three reasons that allow me to assert that we are privileged witnesses to a new alliance between the transitory and the permanent of the fact of being Mexican: firstly, because in our childhood we were led to believe that the student repression of 1968 was unequivocal evidence of the fact that change is only possible if the authorities permit; secondly, because the earthquake that shook our early childhood revealed that no authority is powerful enough to hold back change; and thirdly, because in the elections that took place in the year 2000 we learnt at last that authority is impossible unless it recognises the infinitely superior strength of change and diversity.

Those of us Mexicans who today begin to share responsibility for the future course of our country with our seniors, those of us who have begun to participate actively in political, intellectual, social and even domestic decision-making in Mexico, were mere innocent children when the student massacre took place in the Plaza de las Tres Culturas. As in Prague and Buenos Aires, the message of the repressive movement of 1968 cannot possibly be clearer: the rigidity of static power was also sufficiently solid to impede any kind of renovation, however just or necessary it may have been. In the specific case of Mexico, this power and this rigidity became increasingly stronger as those who controlled them achieved what had seemed impossible: the appropriation of the very concept of change in order eventually to paralyse it. The institutionalised revolution, the maximum paradox of twentieth-century politics, had flourished easily among a people accustomed to believing in all kinds of incredible syntheses. As successful as it is difficult to reproduce elsewhere, the idea that the revolution could become systematised to the point of sclerosis allowed twentieth-century Mexico to become an illusion of stability marked, even so, by constant silent subversion, strident announcements of progress founded on the strict preservation of political and social mechanisms of inequality and on the repetition of a falsely democratic carnival that every six years accompanied a severe Lent of devaluation. The untouchable figure of the president, accepted as the worthy heir to the imperial patriarchalism of Philip II's Spain and to the Tenochtitlan of the Aztec monarchs, became an apparently unbreakable dyke that would contain for eternity the troubled waters of transformation. The Tlatelolco massacre was the bitter end of a fiesta to which we had not been invited. Our parents

and elder brothers and sisters were marked by disenchantment; we, by desperation.

Thus persuaded by our elders and betters that change was impossible, cast into existence in a society reduced to depression or resigned to immobility, we Mexican children of the seventies were regarded not only at home but also abroad as a generation stripped of ideals, entirely unable to resist, imprisoned by the indifference of those who were born after a party and whose only task was to gather up the broken dishes. To the failure of sixty-eight we were forced to add equally despairing certainties and uncertainties: man had by then landed on the moon and discovered that it was made neither of gold nor cheese; it was only a matter of time before the Cold War would heat up into a nuclear holocaust; the great utopias of the Left were mere pretexts by which to mask individual or party dictatorships; supposedly absolute values like democracy or freedom were relativised and manipulated by those in power; the unsustainable discourse of postmodernism handed out, left and right, concepts as perturbing as the end of history, the defeat of thought, painless ethics, the need for revamping, the unconditional acceptance of multiculturalism as the only way to resign oneself peacefully to the disintegration of universal values. In short, the panorama was the ideal one for the emergence of a spiritually, artistically and politically immobile generation. Passive in the face of arbitrariness, expecting only the terrible, sceptical towards any hint of the absolute, those of us who were children at the time finally reached adolescence having accepted the fact that we had been labelled with the letter 'X', which though containing something of an unknown quantity also recalls the cross and tragedy, as reflected in what is of necessity an affected Mexican poem.

Everyone knows, however, that this generation prematurely stigmatised as indifferent woke up with the fall of the Berlin Wall or the brutal beginnings of the twenty-first century that took place one morning in September 2001. In Mexico, nonetheless, this shakeup happened without Gorbachev or Bin Laden, and not exactly as the work of human greatness or paltriness. It was Nature itself, with its own peculiar and certainly dramatic homage to movement, that broke through the dam of permanence in Mexico. It was an earthquake that on the morning of September 19 1985 shook the very core of this country and, by extension, determined the gradual collapse of the paradox of the institutionalised revolution. Ninety seconds in the millennial history of a country were enough for the transforming power of civil society to rise to the same level as the by now feeble figure of the president. Suddenly, the same authorities who had successfully managed to hold back the transforming landslide of 1968 proved to be powerless and fearful when confronted with an unexpected crisis. In the face of this vacuum, it was the people themselves who unearthed their dead and buried their historical passivity. Among the ruins of the biggest city in the world, the men and women who fifteen years later would become responsible for this city and the country that provided their home learnt how much it costs to close one's eyes to the inevitable course of history.

The fifteen years that passed between the 1985 earthquake and the elections of July 2 2000 are practically nothing in historical terms. In Mexico, nevertheless, they went by as much with the slowness of painful changes as with the vertigo of those historical periods that have determined the transition of any country. Only three years after the earthquake, the members of my generation participated for the first time in elections that went down in history as the most fraudulent in the institutionalised revolution. It seemed that, once again, the dyke of permanence would manage to hold back change. Even so, the same civil society who had discovered their transforming power among the rubble of Mexico City after the earthquake could no longer surrender themselves to inactivity. One after another, national and international events gradually increased the dimensions of the hole through which history would inevitably emerge from the dyke of paralysis: the demolition of the Berlin Wall suddenly revealed the need to reconsider the terms of utopia; the cybernetic revolution made it practically impossible for immobile countries to survive in a world changing day by day; eco-

nomic globalisation promised gold and threatened disaster to those countries that refused to adapt to the dubious though triumphant discourse of Neoliberalism; the resurrection of an urgent ethical debate encompassing ecology, the rights of minorities, science and even the very terms of democracy eventually called for the participation of all people without exception. In the face of these global forces, we Mexicans were forced to add to the imminence of change the by now unsustainable after effects of our own resistance to transformation: the resounding failure of the Free Trade Treaty, the Zapatista uprising, the inner collapse of the official party, magnicide, the economic recession, the proliferation of discourses founded on a revolutionary rhetoric in which nobody could believe. In short, institutional opposition to change had suddenly become more laughable than fearful. With the approach of the end of the century the immobility of the country began to demand dues that we could nor or would not pay. The scene was set for a nation that had spent the twentieth century in a long, stormy adolescence to accept at last that the time had come to cope with democratic maturity.

The elections of 2000 were unquestionably the announcement of Mexico's acceptance of change as an indispensable condition to attain permanence in the concert of nations. However, accepting and entering straight into maturity did not mean having fully understood it, that is, having acquired the ability to control its terms, its nuances, its illusions or its benefits. Accustomed for centuries to believing in apocalyptic solutions and in messianic leaders capable of destroying the old world in a few days to build a new order in just one. we Mexicans have still to comprehend that there is a midway point between assumption of a new state of affairs and its incorporation into our national personality. Three years after the 2000 elections, a nation that for over seventy years accepted immobility is now scandalised by the apparent slow pace of democracy and, worse still, continues to advocate stagnation either unconsciously or secretly as if it were not yet totally convinced of the imperious need to leap into the void.

There is something of mask and photography in this latest reticence on the part of Mexicans towards the change that they themselves induced, prompted or assisted by their unavoidable links to the world. Of mask, because sometimes we prefer to think that democracy is merely one more face behind which we have chosen to conceal our hesitant condition and our enigmatic metamorphosis. Now we exercise our right to vote, to express opinions to criticise and enjoy freedom as if in the belief that we do not deserve it, as if acting democratically — including even the hyperbole of the 'mayoriteo' or imposed majority, partisan whims or witch-hunting in the media — were the only condition not to accept ourselves but to be accepted in the world. We act as if we knew that this mask of democracy may at any moment be replaced by another, and then by another, ad infinitum. We even reach the extreme of thinking that democracy is in itself a collection of masks that may be interchanged at will: if the one we are wearing today does not suit us, perhaps we might try out another one in the next elections. The fear persists, however, that one day these masks of democracy may disappear without any of them having taken root on our genuine face. Then we shall contend that what failed was not the many faces we wanted to give democracy but democracy itself,

the unity of the plural, the only more or less legitimate or effective means by which the permanence of change has been achieved beyond contradiction or chaos.

Our present also has something of a photograph about it because we observe it as if at last we had performed the Faustian miracle of stopping time in a kind of last instant to which all nations and all cultures should aspire. We photograph democracy in the hope that the resulting image will comfort us, remain without nuances, focussed, static, controlled or at least controllable by our passive perception. We have taken the photograph but by doing so we have forgotten that there is life beyond the margins of democratic elections, or that democracy that does not evolve is assumed as an end in itself.

It is a good thing, I believe, to cultivate a present in the illusion that it is possible to make it firm. Only in this way might a nation like ours tolerate the vertigo of its own mobility, join the bandwagon of transformation without fear of a speed hitherto unreached. It is a good thing also to wear masks if this means making it easier for a culture to contemplate itself. The problem, I stress again, arises when we forget that the mask ultimately describes the genuine face of the person wearing it.

SANTIAGO DE QUERÉTARO, 2004

Mexico is beyond the reach of a single person, and even more so in the case of someone who, for over thirty years, has perceived with his five senses most of the sources of its vital fluids that are continuously and endlessly transformed.

Paradoxically, Adalberto's privileged knowledge of the biodiversity and, by extension, multicultural nature of Mexico has brought him no closer to an understanding of the whole. Rather, it has merely made him more aware of the causes that inform his own personal identity and heightened his perception of the fabric that makes the natural inseparable from the cultural, identity from feeling, and overall development from private evolution.

I believe that Ríos Szalay's principal merit is having managed to record those images that inform of the routes of his personal exploration and that, within the limits he has reached, constitute a highly detailed map of the keys to the different identities of our country and to its occasionally unsuspected echoes in nature, in everyday life and in art.

Moreover, Adalberto's photographic wealth has been further enriched by the innumerable oral accounts that he himself has compiled directly from the people he has captured through his viewfinder and also by his own writings as a travel chronicler, as an academic and during his brief spell as a civil servant.

Fortunately, Ríos Szalay's pretensions as a photographer are less artistic than one might imagine. He uses image and field recordings as didactic backup material for his administration classes at the UNAM, to exemplify the real consequences of the application of econometric formulae by the new international monetary organisations. Thanks to this principle, Adalberto has never presented himself as an artist or aesthete of the image; on the contrary, his work has invariably been governed by didactic criteria informed by deep social concerns. Adalberto — beyond the beautiful, although he produces it — has always striven to reveal the effects of complex causal, first and foremost economic, correlations. Then — and forever — cultural and vital.

On his travels Adalberto has been accompanied by many of the most receptive eyes that have observed our country in the second half of the twentieth century. And among these, as he himself admits, Guillermo Bonfil Batalla is perhaps the shaman, the miracle worker, who has best guided the gaze and the steps of Ríos Szalay.

Guillermo was blessed with the ability to wait wisely for the best moment to place mirrors whose shine obliterated preconceived ideas and illuminated alternative pats. With his bursts of spontaneous laughter, Guillermo made it clear to Adalberto that red lay far beyond his eyes.

Also present in Adalberto's work — although not always portrayed, since they are almost invariably hidden among the lights that endow his images with meaning — are those other, anonymous, people who form the backbone of our common identities. Although they invariably wear the most everyday disguises — peasant farmers, artisans, agricultural labourers, dancers, midwives or cooks — Adalberto reveals them as the energy force behind many of the symbols and meanings that nurture the historical continuity of our cultures: the elements that, so to speak, have prevented the country from falling apart in our hands. I believe that this book also commemorates and pays tribute to Guillermo from the light of deep Mexico.

When it came to selecting the images and texts that form the contents of this book, Adalberto adhered to the didactic criteria that have characterised him since his beginnings as a photographer. His intention is to show us that the biodiversity of our country is the prime cause of its cultural plurality, and to this end he lays especial emphasis on the relationships between these two aspects of identity. Indeed, Adalberto authoritatively assures us that they are merely two sides of the same foundation stone.

Thus we discover that the setting for intercultural dialogues has never been an aseptic, pure, ingenuous continent; rather, they are built up and defined on the basis of the territory on which the encounter takes place.

A key aspect of the invention of America, for example, is the fact that the people of Extremadura find echoes of their own identity on the *tepetate* (limestone) high plateau. Landscape similarities give rise to an initial set of shared codes and in themselves lay the primigenial foundations of a form of cross-breeding whose cultural matrices are the source of Iberoamerican cultural diversity.

It is worth making the following reflection: the bearers of the new anthropocentric paradigm did not initially choose the abundance of the tropics in which to settle, because although apparently convenient, they found it beyond their reach. It would not be until later, when the formula of syncretism allowed them to articulate and superimpose their own symbols and meanings that the true construction and development of Iberoamerican cultural diversity began. Hence the symbolic strength of monasteries, hence the Baroque, hence the university, and hence, too, the survival of the pre-Hispanic symbolic content of rites, ceremonies, and toponymy of our crossbred country.

Let this example suffice to make it clear that the way Adalberto has arranged his photographs in this book is no more than an initial methodological approach that barely contains the full scope of this fraction of his record: Scratcher of mirrors. Trapper of dreams. Compacted time. Historical future. New eyes.

It strikes me that after thirty years of work and over five-hundred thousand recorded images, Adalberto's oeuvre has begun to acquire a kind of life of its own, in which the individual sensitivity of each of the observers may map out routes, build bridges, open paths and discover mirrors to travel the anatomy of our individual identity. Above all, however, to grad-ually discover that our identity is indissolubly linked to the biological and cultural diversity of our country and of many continents.

One final comment. Adalberto has not only travelled Mexico, although our country constitutes the nucleus of his identity. His gift for placidly sailing the deep currents of identities has earned him recognition on the part of major specialised publications and numerous scientific institutions, a fact that has led him to travel to over fifty countries.

Curiously enough, on each of his journeys he has found a part that endows the whole with new meaning. Not only in the clear lands of Andalucía, home of the Mudéjar; or in the Caribbean, with its rhythms; but also in New Zealand, the overlooked origin of the barbecue and *mixiote*; or New York, a key influence on urban wall painting.

Adalberto has come into close contact with palace salons and the faces of war. The sea, the jungle and the desert. Faces that keep the silence of time and eyes that have recently opened to life. He has contemplated the artificial illusion of neon lights and contrasted them with the dawns of those people who apparently have nothing. He has been in the great skyscrapers later to laugh ironically in the embrace of a ceiba. He has known the death warnings deliberately placed between the sheets of his makeshift bedroom and works of his have been stolen from exhibitions by people who were so moved by a particular image that they concluded, without even the shadow of a doubt, that it had been theirs by right since time immemorial.

Let us hope that when, as I have done, they stand before the mirror that these images of Mexico construct they are able to see themselves reflected there. Let us hope that one day, like Adalberto, we discover that we are inexplicable without our country. And let us hope that one day soon we learn that we are one through diversity.

Tlaxcala de Xicohténcatl
July 2 2004

THE MEXICAN TERRITORY

ADALBERTO RÍOS SZALAY

A Land of Volcanoes

Mexico lies in what is termed the Pacific Fire Belt, one of the areas of greatest seismic activity in the world. From Tacaná on the southern border to Cerro Prieto at the frontier with Lower California, volcanoes and earthquakes have modelled the Mexican landscape to produce highlands, lakes and fertile soils such as those of El Bajío.

Mexico has a dozen potentially active volcanoes, and most of the country's population lives on the most important volcanic heights, a region with over 3.000 minor volcanic peaks.

Waters Marvellous in Depth and Grandeur

The waves, winds and accumulation of organic matter from four seas — the Pacific, the Gulf of Mexico, the Caribbean and the Gulf of California — have defined the country's 11,122 km of coastline, as well as islands, islets and reefs.

When Fray Bernardino de Sahagún compiled the knowledge and cosmovision of the Nahuatls, he found that their language included no single, specific term meaning 'sea', but rather a concept that he synthesised in Castilian as 'waters marvellous in depth and grandeur'.

Landscapes of Megabiodiversity

Mexico comes fourth in the list of megabiodiversity countries, the twelve nations that together account for two-thirds of the planet's living species.

This is by virtue of its remarkable topography, its climatic variety and the fact that it is an area of transition, where two of the continent's contrasting biogeographical zones (the Neoarctic and the Neotropical) meet. All this has created a mosaic of environmental conditions that comprises pine-oak forests, rain forests, pasture land, deserts, mesophilic woods, dry or misty jungles, swamps, reefs, plains and so on.

The Flora

Mexico provides the habitat for an estimated number of 36,000 plant species (9,670 of which are endemic), that is, twice as many species as in Europe. Mexico accounts for 48% of the pine species registered in the world, 75% of agaves, 45% of cacti, 95 species of palm, 920 of orchids and 25,000 of flowering plants.

The Fauna

Mexico occupies first place in the world in the number of reptiles, second place in the number of mammals and fourth place in the number of amphibians. Furthermore, there are 20,000 species of insects, 1,050 varieties of wildfowl, and 425 species of terrestrial and 50 of marine mammals.

I have been fortunate enough to carry out part of my work in collaboration with some of my country's most renowned biologists. Thanks to them and to my camera I have learnt that if a given society is to progress, it must protect its natural environment.

THE FIRST ROOTS
PRE-HISPANIC CIVILISATIONS

In response to the gifts of Mexican biodiversity, the country's men and women developed civilisation models in the mountain jungles, on pasture land, on the high plateaux and in deserts alike.

Colonisation of the land is recorded in the 33,000 archaeological sites hitherto registered and Mexican cultural vigour in the autarchic development of knowledge, art and culture by people who came into no contact with foreign civilisations until the sixteenth century.

By virtue of its dimensions in time and space, of its diversity, of its intricate cosmovision, of its violent break-up and of the magnitude of research still to be conducted, the Pre-Hispanic world is something that will remain beyond the realms of our knowledge for many years to come.

Even so, our present knowledge allows us to gauge the magnitude of the legacy we have inherited from the Pre-Hispanic peoples, aspects ranging from the domestication of animal species and the cultivation of plants now available all over the world to artistic manifestations and a knowledge of astronomy that never ceases to astonish us in this age of satellites and space exploration.

Paul Kirchhoff, basing his research on geographical and cultural criteria, defined the regions of Aridoamerica, by which he referred to the north of the Mexican Republic and Mesoamerica, stretching from rivers Sinaloa in the north-west and Pánuco in the north-east to the Gulf of Nicoya in Costa Rica.

Given the magnificence of the city-states of central and southern Mexico, traces of the cultures of the north are sometimes overlooked. Nonetheless, the petroglyphs of Coahuila, Nuevo León and Sonora or the cave paintings of Lower California are masterpieces by people who living in a hostile, precarious world produced works reminiscent of the bold innovations of the avant-garde.

I share a series of images of the Pre-Hispanic world, and I do so as an enthusiastic photographer with Paquimé in Aridoamerica, Xochicalco in the centre, San Lorenzo Tenochtitlan in the south and Ek Balam on the Yucatan Peninsula. I do so with the vision of a half-breed, making that promise written in the *huehuetlatolli* (sayings of the ancients) my own: 'those of us who carry their blood, their colour, will never forget them'.

■ OUR SECOND ROOTS

In 2017 five hundred years will have passed since our second — Spanish — roots became implanted in Mexico, an event that marked the gestation of the plural, many-sided Mexico we know today.

The superimposition of chapels on *teocallis* was as traumatic as that of *alcazabas* on Roman fortresses or belfries on minarets. Nobody was the same after such collisions, because to build the new the adobe of the old was exploited and because each individual leaves his imprint on all collective works by man.

THE VICEROYALTY

Having completed the conquest, the Spaniards were left with a territory and a workforce of such magnitude that they decided to build a New Spain. To fulfil this aim, they undertook colossal endeavours with almost unprecen-ted vigour and daring. The vanquished, for their part, resolved to preserve and make every effort to transmit what they could not renounce.

The sagacity and subtle cunning of both sides combined to impose a new idiom, although enriching it with terms and turns from the earth, to build works based on Peninsular archetypes that nevertheless incorporated local concepts and elements, and to impose a new religion, with a few cracks through which local beliefs and practices might find their way into the Christian pantheon.

During the process both sides were forced to give and take, win and lose, not in the benign context of a pro-gramme of cultural exchange but in the difficult, painful course of colonisation that culminated in one of the greatest known phenomena of transculturalisation and the birth of a new nation: Mexico. To deny the significance of the process is to deny our very selves. In the words of Octavio Paz: 'We deify certain periods and forget others. One of the periods that has been ruthlessly scored out or misrepresented is that of New Spain'.

When I began my career as a photographer, I was uninterested in the works of the viceroyalty, and its religious constructions least of all. However, as I progressed in acquiring knowledge of my country and my people, I realised that it was absurd to close my eyes to the heritage of four hundred years of history.

While colonial processes in themselves are not something to defend, their importance lies in the humanist values and fruits of the sensitivity and talent of the indigenous, Mediterranean and black hands that shaped them, on the understanding that works of the spirit and culture are far above the paltriness of circumstantial political and economic events.

The Viceroyalty left traces of the productive activities that gave it life, such as mining and agriculture, in the form of *haciendas*, aqueducts and rural properties, of palaces and mansions, of the faith in churches and monasteries, and of educational processes in schools and universities.

■ THE MEXICAN HABITAT

VILLAGES AND MEGALOPOLIS

During the twentieth century, the population, villages, towns and cities of Mexico underwent a colossal growth process. Marginalization and a number of attempts at 'modernization' on many occasions damaged works of great value. However, the twentieth century also witnessed the introduction of regulations to protect the human heritage. Cities that have been declared World Heritage sites, phenomena such as Los Angeles, California, with the second largest number of Mexican citizens in the world, and the macrocephalic Distrito Federal form the spectrum of habitat challenges that Mexicans must face in the twenty-first century.

Mexican dwellings are as varied as the country's geography and cultures, ranging from the noble mansions of Ver-acruz whose patios, fountains and passageways recall the houses of Andalusia, to the timber *trojes*, characteristic of the forests of Michoacán, the austere large houses of the north, the high ceilings of which mitigate the heat, and the uniform housing complexes that have proliferated throughout the country.

The indigenous dwelling of Mexico is an example of knowledge of and mastery over the materials provided by nature. The twenty-first century will probably be the last to see these constructions, which flourished for millennia.

It would be expedient to reflect on aspects such as the cosmogonic meaning, the harmonious blend with the landscape, thermal attributes and homely qualities of the Mexican dwelling.

AGRICULTURE
THE MOTHER EARTH

The prodigious ecological qualities of Mexico have been exploited since ancestral times by men and women whose work and devotion to their land led to the emergence of refined civilisations. Mexico is one of the world's seven key centres of crop development, nine hundred of the planet's most cultivated plants having their origins in our country. The biotechnological skills of the Mexican people are comparable only to those of China and India, and given such knowledge it seems incredible that we should be afflicted with agricultural crises.

While reviewing the photographs of peasant farmers to be included in this selection, I invariably came across the stony gazes of people exploited time after time, weary of abuses and inequality.

The cause of such gazes was neither my presence nor my camera; if only it were, for then the solution would be easy and immediate.

I have never had any problems with the subjects of my photographs. On the contrary, having first shown the genuine, immediate face of bitterness, they then revealed their generous side, regaling me with pineapple, a drink of water, the *taquito de frijoles* and the joking word that secures new friendship. My camera is the instrument through which I size up, respect and love my people.

THE MEXICANS

PRIMIGENIAL CULTURES

The Mesoamerican cultures, besides their value as a fundamental historical reference, are the living roots of Mexico, where today fifty-six languages are spoken and forms of organisation, productive practices, traditions, knowledge, attitudes to life and artistic expressions have been preserved practically unchanged since time immemorial.

For centuries a model has been imposed on the original cultures, rather than having developed from them, which reflects an absurd attitude of contempt for such a rich stock and has resulted in their marginalisation.

Even so, the cultural strength of the original roots is present in all its vigour in the personality and everyday activities of Mexicans. During my career as a photographer, I have learnt most through contact and coexistence with the indigenous peoples of Mexico. I am fortunate enough to have Chinantecs, Nahuas, Mayas, Purepechas and Tzeltals among my friends and mentors, people who have honoured me with their trust and imbued me with humility.

A CROSSBRED NATION

According to a lucid definition, identity is what we are today, and today's Mexico is a mosaic of plurality, with multiple origins but fortunate unity in diversity.

Mexico is a magnet of permanent effect. Those who come from abroad assume the Mexican character and establish indelible links. The Mexican spiral has no room for simulation, it melds everything in favour of the major cultivation.

It is remarkable that such a vast territory with such a diversity of ethnic groups should have engendered a society heterogeneous in composition yet homogeneous in terms of loyalties. This is the great strength of Mexico.

Octavio Paz attempted to define the Mexican personality from a lyrical point of view. Raúl Bejar has analysed the inhabitants of this country by applying the methods of a social scientist. Paz entered a labyrinth in search of a way of being. Bejar identified many ways of being the same thing.

When I focus on Mexico and the Mexicans I perceive that the vast majority of us share the same binding elements. Although we have many problems and defects, the great quality of *Chetumaleños*, *Sonorenses*, *Queretanos*, *Nayaritas* and *Morelenses* is that we all share the same enthusiasms: no confrontations have ever arisen to break our unity. I hope that the politicians will never achieve this miracle.

RITUALS
AND FIESTAS

'*En lluvias surco y en secas fiesta*' (In the wet season ploughing and in the dry season fiesta) is a saying by which the peasant farmers of Morelos summarise the human custom of planning work and ritual according to the cycles of life: sowing, birth, cultivation, harvesting and death.

Mexican fiestas are an intricate combination of dances, performances, fireworks, markets, games, music, eating, drinking and ceremonies involving rites thoroughly unintelligible to outsiders because they are the fruit of complex cultural processes in which unions and separations have become eroded and because they constitute veritable redoubts where the values that each group has acquired meet and tolerate each other dissemblingly, syncretically. Hence the fact that the soil, the ancient deities and Catholic saints are invoked in a mixture of Latin, indigenous languages and old Spanish, even including the odd interpolation from the media.

Therefore, when we attend patron-saint celebrations and fiestas of all kinds, we must do so with the idea not of understanding but of feeling, which is easier and more important.

DEATH

The Mexicans' attitude to death is a source of astonishment to many and a thousand hypotheses have been put forward in an attempt to explain it. My work as a photographer and the fact that I am Mexican by birth have allowed me to see enough not to reach incontrovertible conclusions — for they do not exist —, but at least to proffer a number of reflections.

I see a vast difference between visualising death as part of a natural cycle and visualising it as something terrifying and putrid, as some American films do.

Mexicans, like all human beings, grieve over the loss of loved ones. However, the conviction that they live on among us mitigates this grief and produces reactions different from that of a definitive, irreversible loss.

Perhaps this would explain what many regard as inexplicable: our attitude to history. One historian said that for Mexicans Cuauhtemoc, Cortés, Zapata and Maximilian are all living, and it is for this reason that we do not take history as something relegated to the past. We respond to it with joy, fury or pity as if it were something present, circular and permanent.

THE TIMES I WAS
DESTINED TO CROSS*

I was born in an optimistic country that had found peace only twenty-two years earlier. A vigorous nation imbued with the enthusiasm of a revolution that had turned its gaze towards the most prized values of Mexican dignity, which took the form of films distributed worldwide, symphonies based on popular airs, the reappraisal and defence of indigenous art, architecture with its own particular stamp and the enthusiastic creation of hydraulic infrastructures, systems of communications, hospitals, schools and teachers who regarded their role rather like that of apostles.

Education became available to everyone and thus, together with my seven brothers and sisters, I was able to attend university, an institution that had hitherto seen only one member of my family.

The Mexican people transformed their country in the twentieth century, attempting to combine progress with elements of their identity. Mexico made its entry onto the world scene with its international politics and engaged in acts of fraternal solidarity with Spain and the Latin-American countries.

As time went by, the revolution became a litany, which in turn gradually mutated into discourses farther and farther removed from the collective interest. Sound policies, errors, great causes, corruption and personal ambition amalgamated into crises that compromised the future of Mexico.

Even so, it is the cultural values deeply rooted in the people that come to the surface at the worst moments, such as the earthquakes of 1985 or when people were forced to emigrate in search of a higher standard of living.

My photographs of the people to whom I belong are stimulated and nourished by the strength of our culture, which I recognise equally in a Huichol embroidery and in the research conducted by our young scientists.

Despite our problems, Mexico will get back on the right course through loyalty to our own roots. We are a people of the future in the sense that our past is our present. Our role in the twenty-first century will be to make our contribution to the world with our feet and our hearts in this land.

For myself, I have attempted to leave a record of the times I was destined to cross.

* An expression translated by the author directly from the Nahuatl (tn).

INDEX OF PHOTOGRAPHS

PAGE 66
Cañón de la Venta, in Ocozocuautla, Chiapas, with cliff faces up to 400 meters high. The point on its floor where a subterranean river emerges onto the surface creates a natural spectacle called El Aguacero.

PAGE 67
Lacam-tun is the Mayan name for the Miramar lagoon, in the Lacandona forest. It has a surface area of 16 square kilometers, an island with archaeological remains and neighboring lagoons with such beautiful names as Ojos Azules and Suspiro.

PAGES 68-69
In the mangrove swamps, the trees perform the miracle of desalinating seawater and, millimeter by millimeter, begin to create new areas of soil. Mangrove swamps, like Chacagua, on the coast of Oaxaca, are breeding grounds for wildfowl, fish and crustaceans.

PAGE 70
Lion's claw leaf in Morelos.

PAGE 71
The apparently fragile monarch butterflies engage in a six-week migration from Canada, across the United States, to central Mexico, where they spend the winter in the forests of Michoacán and the state of Mexico, where their population figures may reach 20 million.

PAGES 72-73
Flamingos find their perfect habitat in the wetlands of the Yucatan Peninsula. Mexico protects this species in the in the inlets of Celestún and Lagartos, where its population figures reach 25,000.

PAGE 74
The Samalayuca dunes in the north of Chihuahua.

PAGE 75
A pinacate or clown beetle crosses the Sonora Desert dunes, after which they are named. Its tracks join those of a host of birds and reptiles, including the rattlesnake, in contradiction to the widely-held belief that the desert is lifeless.

PAGE 76
The Guerrero Negro salt-pans in Southern Lower California, the largest of their kind in the world, cover an area of 42,000 hectares.

PAGE 77
Soil cracked by temperatures that rise above 50 °C preserves the tracks of a coyote in Cerro Prieto, Lower California.

PAGE 78
Petroglyphs and blue spiny lizard in Boca de Potrerillos, Nuevo León.

PAGE 79
Petroglyphs in El Ejido la Mula, Nuevo León.

PAGES 80-87
Cacti are endemic to the American continent. Mexico accounts for eight hundred varieties, which represent 45% of the entire world population of the species. Cacti are especially admirable for their ability to survive with elegance and dignity in severe climatic conditions. The surface of their shoots is covered by a thick coating of waxy substance that reduces water loss through evaporation. They grow very slowly, serve as food, medicinal remedies, construction material and fodder, and have properties exploited in witchcraft.

Cacti, together with aloes and wild flowers, are a luxury in Mexican fields. Exploited for rope manufacture and featuring on the coat of arms of Mexico, they are genuine Mexican icons.

In this work, I have paid particular attention to the artistic nature of their structured arrangement of spines and the lavish display of color when their ephemeral flowers bloom.

PAGE 88
A bejuquillo snake attempts to slither by unnoticed in the vegetation of Chiapas.

PAGE 89
The jaguar is the largest of American felines, whose strength and cunning was revered by the Olmecs. Later, it was emulated in the Aztec military hierarchy. Its habitat is being reduced daily in some regions in the south-east.

PAGE 90
The bright yellow breast of the toucan contrasts with its otherwise impeccable black formal dress. Its colossal beak, specially adapted to allow the bird to pluck its favorite fruit, in no way detracts from the elegance of both its flight and its presence.

PAGE 91
Pelicans are a permanent presence on the coast. In Mexico their colors range from snow-white, in the case of those who come to escape from the Canadian winter, to those of dark plumage, which prefer to remain in the Tropics.

PAGES 92-93
The Parque de la Venta in Villa Hermosa, Tabasco, contains some of the key vestiges of Olmec culture, such as monumental heads or altars featuring dignitaries in the presence of the sacred feline.

PAGES 94-95
Paquimé, in Chihuahua, dates back 1,800 years. Its constructions, some of which reach four stories, are noted for their harmonious coexistence with the natural setting and their functionalism. Its inhabitants brought turquoise from New Mexico to Yucatan and Central America and, as a luxury, macaws, to which they assigned a privileged place.

PAGE 96
While a number of Mayan cities are justly famous, in its solitude the majestic palace of Sayil invites us to imagine it peopled with dignitaries wearing iridescent headdresses, the percussive sound of the tunkul, embroidered blouses and clouds of copal.

PAGE 97
Among the buildings in the Mayan city of Kabah, on the puc route, is the Kodz Poop, with its interminable series of masks of the rain-god Chak. His overwhelming presence reminds us that he was offered prayers and praise, time after time, so that the rains would bring salvation.

PAGES 98-99
Teotihuacan resigned its hegemony to Xochicalco, a major city-state, military fortress, strategic trade center, a nucleus of the arts and a meeting place for sages who studied the stars and drew up calendars.

Humboldt and Jules Verne wrote about Xochicalco, Morelos, inspired by the pyramid of serpents, one of the masterpieces of pre-Hispanic art.

PAGE 100
Monte Albán rises near the present-day city of Oaxaca, whose great plaza, palaces, temples, and mausoleums convey the grandeur of Zapotec culture.

PAGE 101
Mitla, in Oaxaca, is distinguished not only by its plazas and temples but also by the beauty of its palace walls, worked with the same mastery applied to its textile designs.

PAGE 102
From its pre-Hispanic site, the jaguar seems to observe El Castillo, a pyramid emblematic of the Mayan city of Chichén Itzá.

PAGE 103
La Quemada, in Zacatecas, is an archaeological site in the midst of a severe landscape setting, the northernmost pre-Hispanic Mexican city with monumental pyramids.

PAGE 104

When in Tulúm we conclude our contemplation of Mayan buildings in harmony with the ocean, the moment has come to cross the road to admire a picture of concord with the jungle. In Cobá, the temples rise from the sea of greenery that envelops them.

PAGE 105

The more I wander through the great cities of the past, like Uxmal, the more I am convinced that nothing is the product of chance; when I believe I have discovered new angles that reveal marvelous details, I am certain that this is how they were imagined in their own day.

PAGE 106

In Palenque and in Gizeh alike, we realize that the pyramids were conceived to preserve the memory of men and women, victims of their own mortality but assigned to posterity thanks to monuments that live eternally as cultural landmarks.

PAGE 107

The Purepechas were never subdued by the Aztecs. Their *yácatas*, in Tzintzuntzan, Michoacán, expressed freedom in their design through the interplay of curves and straight lines. This bird's-eye view allows us to appreciate what the minds of their expert builders conceived.

PAGE 108

The great doorway of Labná tells us clearly that functionality without beauty is as sterile as art that fails to attain this category due to its estrangement from life and cultural processes.

PAGE 109

The Mexicans discovered that the juice of fermented aloes produces a sensation of vertigo. It may be for this reason that they decided to dedicate a temple to Tepozteco (a kind of Mexican Bacchus) on precipices that recall its effects.

PAGES 110-111

Toniná clings to the mountain in the jungle of Chiapas. Like all Mayan cities, it preserves cryptic keys, in this case a huge mortar codex in which animals and men interact beneath the gaze of the all-governing cosmos.

PAGE 112

In Ek Balam, Yucatan, we are captivated by the incorporation of the human figure amidst a forest of symbols. A dentate portico is flanked by winged creatures whose base and position are reminiscent of chess pieces.

In Cacaxtla, Tlaxcala, the year 1975 saw the discovery of murals depicting dignitaries, warriors and artists of Mayan profile and attire, the reflection of interaction with a civilization located in the extreme south of the country.

PAGE 113

The greatness of Teotihuacán conveyed the feeling that men may be transformed into gods. Its economic planning and artistic and social development determined the parameters for the future cultural evolution of Mesoamerica.

PAGES 114-115

Myths invariably speak of a land of giants. The atlantes of Tula seem to confirm this; even so, the grandeur of the place has its key in words: Toltec, its inhabitants, is synonymous with wise; the name for civilization is *tollan* (tula) and culture *toltecayotl.*

PAGE 116

Until 1517 the Spaniards had found only humble dwellings and hamlets in America. Fate would have it that the Caribbean was the setting that revealed the first great Mesoamerican urban complex to them: Tulum, the walled city.

PAGE 117

In the sacred city of Cholula, a Christian church built on top of the highest pyramid on the continent breaks the landscape that Popocatepetl watched over for centuries.

PAGE 118

Ancient pyramids served as the bases for the churches and cathedrals of the new religious order. On the other hand stairways were in many cases the path up which the ancient deities climbed, with new attire and names, in search of points of equivalence and attributes, as in Contla, Tlaxcala.

PAGE 119

On the Templo Mayor, the heart of Mexico-Tenochtitlan, the nuclei were built of the secular and religious powers of New Spain.

The great Aztec temple or *teocali* was buried underground for centuries, until late in the XX century some of its parts were unearthed, thereby emphasizing the duality of contemporary Mexico.

PAGE 120

Straight lines and their variation, the fret, in the temples and palaces of Mitla, suddenly came to be accompanied by curvatures. Created to replace the Zapotec profiles, they eventually became part of them.

PAGE 121

The ancient pyramids of Teotitlán, in Oaxaca, were also used as the base for the new churches.

PAGE 122

San Juan de Ulúa, in Veracruz, was the conquistadors' point of disembarkation. In 1683, subsequent to the assault by the corsair Lorencillo, it was fortified. It was the Spaniards' last redoubt in Mexico. Later it was the setting for battles against the French navy and invaders from North America. Subsequently it was converted into a prison and is now the head office of the Instituto Nacional de Antropología e Historia (INAH).

PAGE 123

The peoples of El Anáhuac performed their rites in the open air, beneath the sun and in view of the rising perspective of their pyramidal *teocalis.*

The penumbra of the new churches inhibited them and did not correspond to their cosmogonic vision. Consequently, the first building form characteristic of New Spain was the open chapel, a kind of crossbred architecture that complied with liturgical canons and became part of the Mexican landscape. Some are austere and crenellated, reminiscent of the Mudéjar or featuring late Gothic elements.

Open chapel at the monastery of San Francisco, Tlaxcala.

PAGE 124

Tlalmanalco, in the State of Mexico: a many-arched open chapel that, by virtue of its excellent workmanship, is known as the "Capilla Real" (Royal Chapel). The indigenous contribution, particularly a pictograph calendar, to the Plateresque decoration is clearly evident.

PAGE 125

The open chapel of Actopan, in Hidalgo, is a vault 17.5 meters wide by 12 meters high. Its murals reflect the process of evangelization, with all its promises and threats, in which both Indian and Spanish scenes may be identified.

PAGES 126-127

The monastery of Maní, in the Yucatan, with its open chapel, was the place where Bishop Diego de Landa burned the Mayan codices.

PAGE 128

The open chapel of Tepozcolula, Oaxaca, is one of the most exquisite of its kind. The interplay between columns, buttresses, vaults and decorated arches denotes the conception of a permanent work, in contrast to the apparently transitory nature of open chapels elsewhere.

PAGE 129

On one of the hills overlooking the city of Tlaxcala the strongly Mudéjar-influenced open chapel of what would be the monastery of San Francisco was built.

PAGE 193
A sugar-cane cropper in Veracruz.

PAGES 194-195
The plains of Apan, between Tlaxcala and Hidalgo, were once major producers of *pulque*, now rye, oats and potatoes are cultivated.

PAGE 196
In the Altos de Chiapas highlands, as in the rest of the country, the life of the communities depends to a great extent on the harvest of maize, which thrives in conditions of heavy rain.

PAGE 197
A young *tzotzil* from Tenejapa, Chiapas.
A Mayan woman from Yucatan separating corn from the cob.

PAGE 198
Harvesting cacao in Comalcalco, Tabasco.

PAGE 199
Produce from the orchards of Coatlán del Río, Morelos.

PAGE 200
While flying over the storm-watered lands of Morelos I saw an island surrounded by the waves of recently ploughed soil. The island of volcanic rock and its cacti were the only part that had resisted the yokes of oxen, which brought to mind that other island, also with its cactus, on which Mexico was founded.

PAGE 201
As I flew over irrigated land in Nuevo León I saw a truck collecting boxes of fruit. One of the laborers raised his arms in greeting, and his shadow was transformed into a sign of triumph.

PAGE 202
Zapotec peasants from Oaxaca roast the fruit of the aloe, the first step in the meticulous process of mescal production.
Tobacco cultivation in Los Tuxtlas, Veracruz.

PAGE 203
By virtue of its yield of green matter, *nopal* cultivation is regarded as among the most productive in the world. This noble cactus is harvested all year round on poor relatively unwatered soil. The peasants of Tlalnepantla, Morelos, pack it artistically for both home and foreign markets

PAGE 204
On the way to Anenecuilco, Morelos, the rice furrows stretch over the land of Zapata.

PAGE 205
The aqueducts built four or five centuries ago continue to wind their way through the sugar-cane plantations of Morelos, a source of wealth from the time of the viceroys to the revolution of 1910.

PAGE 206
Since time immemorial, the indigenous peoples have satisfied their common needs collectively. The ethnic groups of Oaxaca all respond to the call to the *tequio* to repair a road or build a school as an act of solidarity, for which they expect no payment.

PAGE 207
The hands of Doña María, a Tzeltal weaver from Tenejapa, in the Altos de Chiapas, winner of the Premio Nacional de las Artes.

PAGE 208
Coffee beans have invariably been harvested by the hands of Mexicans and Guatemaltecas in the plantations of El Soconusco, Chiapas.

PAGE 209
The hands of Purpurecha women, on the banks of Lake Zirahuén in Michoacán, still prepare as their forebears did the *tortillas* without which no Mexican meal is complete.

PAGES 210-211
In Chiapa de Corzo, young hands prepare to clap out the rhythm of their typical dance, the *Chiapanecas*.

PAGE 212
Ballerinas from Morelos.

PAGE 213
A Seri from Sonora.

PAGE 214
A Zapotec girl from Oaxaca.

PAGE 215
From left to right and from top to bottom:
Huichol, Jalisco. Half-breed, Nuevo León. Half-breed, Jalisco. Maya, Yucatán. Seri, Sonora. Mazateca, Oaxaca. Half-breeds, Nuevo León. Tzeltal, Chiapas. Menonita, Chihuahua. Nahua, Guerrero. Tzotzil, Chiapas. Half-breed, Veracruz. Half-breeds, Chiapas. Tarahumara, Chihuahua. Half-breed, Zacatecas.

PAGE 216
The downpour of confetti is accompanied by one of the symbols of the Mexican December festivities: the *piñata*, delight of the children of Zacán, Michoacán, who eagerly await their share of the fruit and sweets it contains.

PAGE 217
A group of *totonacos* designated by their people to raise an altar, decorated with the fruits of their toil: in the middle, pods of vanilla, the crop with which they are identified, and the indispensable maize, which provides them with sustenance.

PAGE 218
A Huichola family from Jalisco with the ritual pleat they fashioned themselves.

PAGE 219
Rarámuri dancers during Tarahumara Holy Week in Norogachi, Chihuahua.

PAGE 220
Cup-bearer in Xochimilco, D.F. offering copal during an initiation ceremony.

PAGE 221
Yaqui stag dancer in Sonora.

PAGES 222-223
Purepecha procession in Nuevo San Juan, Michoacán.

PAGE 224
Purepeca women carrying animal figurines to be blessed as protection for their livestock in Zacán, Michoacán.

PAGE 225
Confetti (now made of plastic) heralds the fiesta in Contla, Tlaxcala.
The *danzón* in the port of Veracruz.

PAGES 226-227
Before sowing, the Nahua communities of Acatlán and Zitlala, in the Sierra de Guerrero, perform rituals to bring the rain.

The jaguar is a symbol of fertility. Every man is a warrior and, as a knight-jaguar, together with companions from his neighborhood, he challenges gladiators from rival neighborhoods.

The greater the sacrifice in battles, the greater the hope for rain. The rest is up to the men and women who engage in the arduous task of working the fields.

PAGES 228-229
On the Día de Muertos in Ocotepec, Morelos, copal and flowers are offered to the dead. The families further embellish the already colorful graves.

PAGE 230
A funeral in Tlayacapan, Morelos, is accompanied by the sound of a band.

PAGE 231
In Ocotepec, Morelos, an altar is dedicated to a deceased child on the Día de Muertos. On the altar the body of the dead child is formed with fruit and a sugar skull. It is then dressed and surrounded with its favorite food and drink and, in this case, toys.

PAGE 232
Tzotzil musicians bring music to the dead on the Día de Muertos.

PAGE 233
Tzeltal and Tzotzil women at the cemetery of Romerillo, Chiapas.

PAGE 234
A *catrina* stands on a balcony in the city of Oaxaca on the Día de Muertos.

PAGE 235
A *parachico* in Chiapa de Corzo, Chiapas, prepares for the festival.

PAGES 236-237
Chicano mural on a street in Los Angeles, California.

PAGE 238
A child from Huamantla, Tlaxcala, learns to make floral carpets from his grandfather.

PAGE 239
In Ixtepec, Oaxaca, a woman acts as *mayordoma* at the *Vela* (wake) in her village.

PAGE 240
Jarocho dancers in Veracruz.

PAGE 241
Mayan dancers from Jarana at a Yucatan byre.
Mariachis from Cuba, Japan, France, Ecuador and the United States at the Festival Internacional del Mariachi in Guadalajara.

PAGES 242-243
Jaripeo at the Campeonato Nacional Charro in Guadalajara, Jalisco.

PAGE 244
Dancers from Tequila, Jalisco.

PAGE 245
Dancers of Amália Hernández's Ballet Folclórico de México.

PAGE 246
During the XX century Mexico built one of the world's most important hydraulic infrastructures, dominating water to benefit agriculture and generate electricity, as in the Malpaso dam in Chiapas.

PAGE 247
The University of Mexico, with 269,000 students, is the oldest on the continent (1551) and the country's most important academic institution. Here most of Mexico's research is conducted in fields such as seismism, engineering, biomedicine, geology, cybernetics, anthropology, biotechnology and outer space.

PAGE 248
The Instituto Tecnológico y de Estudios Superiores de Monterrey (ITESM) is a higher education institute founded in 1943 by Monterrey businessmen, led by Don Eugenio Garza Sada.

The Tec, as it is popularly known, is acknowledged for its high level of business training in different fields. A multitude of campuses throughout the Republic are seedbeds for productive activities.

PAGE 249
The Colegio de México is a first-class academic institution. Founded by Spanish republicans, it became consolidated as a center of excellence in research into and dissemination of the social sciences.

PAGE 250
Mural painting was one of Mexico's most important artistic movements in the XX century. José Clemente Orozco executed one of his masterpieces in the former chapel of the Hospicio Cabañas, Guadalajara.

PAGE 251
On the Ciudad Universitaria de la Universidad de México campus there is a spacious area of stony ground where the Centro Cultural was built. Part of the Center is the Espacio Escultórico, a work in harmony with the volcanic setting by the major sculptors Helen Escobedo, Hersúa, Mathías Goeritz, Federico Silva, Manuel Felguerez and Sebastián.

PAGE 252
Morelia is a viceregal city whose exceptional heritage has been staunchly protected by its inhabitants. Now, at the beginning of this century, it may be admired in all its dignity as it looks toward the future.

PAGE 253
Zacatecas exploited the wealth generated by its mines to create admirable monuments. Dating back many centuries, they form the basis of the life of the city and constitute the best platform for its future.

PAGE 254
Cultivation of a single crop, sisal, in Mérida, led to an era of great prosperity for the city at the end of the XIX and beginning of the XX centuries, reflected in the French-style mansions on Avenida Montejo, and a severe recession during the XX century. Thanks to tourism and other economic activities, the city now looks toward the future with renewed optimism.

PAGE 255
Monterrey is one of Mexico's three most important cities, a position gained through perseverance and talent thanks to which its image as a gray, industrial city has been replaced by that of a modern metropolis noted for its technological innovation, education and culture.

PAGE 256
Since the XVI century Mexico City has been one of the biggest metropolises in the world. Its problems and potential are also of considerable dimensions.

PAGE 257
By virtue of its privileged climate and qualities, Cuernavaca has been a favorite place of residence, since the pre-Hispanic era to the present day, via the viceroyalty, second empire and republican period, of the main protagonists of the political, cultural and economic life of Mexico.

PAGES 258-259
Built on a lake, the Mexican capital is one of the worlds biggest human agglomerations. Its inhabitants created an environment that resembled a dream world, in the words of the conquistadors, with such challenges and volte-faces that poets have called it both the Most Transparent Region and Palinode of Dust.

PAGE 260
During the XX century the contradictory climate of Mexico encompassed both unsatisfied social needs and the yearnings of a segment of the population who sought to emulate the great European capitals. The Centro Mercantil, subsequently the Gran Hotel de la Ciudad de México, recalls this phenomenon.

PAGE 261
The Centro Internacional de Negocios de Monterrey (Cintermex) constitutes a forum for the technological and industrial progress not only of Mexico but also of the entire world. Its modern architecture provides all that is needed for conventions and exhibitions.

PAGE 262
In the nineteen eighties, Mexico created shipyards on the coasts of the Gulf and the Pacific. Cargo ships, and tuna and shrimp trawlers were launched together with great oil tankers built in the port of Veracruz.

PAGE 263
The Campeche sound is a source of oil of exceptional dimensions. The rigs and infrastructures built for its exploitation are a tour-de-force of Mexican technological expertise.

PAGE 264
While flying over Jiutepec, Morelos, I saw one of the yards of the Nissan factory. The mosaic of new vehicles reminded me of the tapestries of Chiapas or Oaxaca spread out on the ground.

PAGE 265
The light of dusk illuminates the Coatzacoalcos 2 bridge over the river of the same name. Linking south-east Mexico with the rest of the country was one of the great achievements of the XX century. The south-east, which produces petroleum, hydro-electricity fish and other food produce had hitherto been isolated by the great stretches of water characteristic of the region.

PAGES 266-267
Two monumental works by the Chihuahua sculptor Sebastián occupy strategic sites: the first replacing the equestrian statue from the viceroyalty, known as *El Caballito*, on the Paseo de la Reforma, Mexico City, and the other as the gateway to Monterrey.

PAGES 268-269
The profile of the dynamic city of Monterrey undergoes constant changes, ranging from complexes of new high-rise buildings to the Macro Plaza, with its avant-garde Faro del Comercio tower against the ineffable backdrop of the Cerro de la Silla.

PAGES 270-271
The first city-hall building of continental America characterizes the bustling port of Veracruz, the gateway into Mexico and heroic defender of its sovereignty.

PAGES 272-273
The harbor of Puerto Vallarta forms part of Mexico's tourist infrastructure on the Pacific.

PAGES 274-275
Those of us who knew the desert island of white beaches between the Caribbean and a paradisiacal lagoon realize how the work of XX-century Mexicans created, in the space of a few years, one of the Meccas of international tourism: Cancún.

PAGE 276
With its colossal windows opening onto the sea from the desert, this hotel in Los Cabos, Lower Southern California, by the Mexican architect Javier Sordo Madaleno, breaks away from the monotony characteristic of hotel chains.

PAGE 277
Dancers of the Compañía de Danza Contemporánea de Morelos in the Jardín Borda, Cuernavaca.

PAGE 278
The Ballet Teatro del Espacio is a contemporary dance company founded by Michel Descombey and Gladiola Orozco. Having overcome a host of obstacles, they have managed to create their own style through choreography, the training of dancers and choreographers, the dissemination of dance and educational work with children.

PAGE 279
While photographing in the archaeological site of Tajín I came across a young Totonac girl working on the face of a figure from her own culture, made 1,500 years ago. The scene suggested a mirror to me, a dialogue between identities, between an artwork from the past and a young girl who projects her culture into the future.

LUNWERG EDITORES

Director general
JUAN CARLOS LUNA

Director de arte
ANDRÉS GAMBOA

Directora técnica
MERCEDES CARREGAL

Diseño y maquetación
BETTINA BENET

Coordinación de textos
MARÍA JOSÉ MOYANO

Traducción
RICHARD REES